RECUEIL
DE PENSÉES DIVERSES
SUR
L'IMMATÉRIALITÉ
DE L'AME,
Son Immortalité, fa Liberté,
fa Diftinction d'avec le Corps.

OU
RÉFUTATION
DU
MATÉRIALISME.
AVEC
UNE REPONSE AUX OBJECTIONS
DE Mr. CUENTZ,
ET DE LUCRECE Le Philosophe.

PAR D. B. SINSART.

Revertatur pulvis in terram fuam unde erat, &
fpiritus redeat ad Deum, qui dedit illum. Eccle. 12. 7.

A COLMAR,
DE L'IMPRIMERIE ROYALE.
MDCCLVI.

Monsieur, l'étenduë de vos lumiéres & la pénétration de votre esprit, m'ont persuadé que je ne pouvois trouver personne qui sut mieux apprécier l'utilité que je me suis proposée, en travaillant à l'ouvrage que j'ai l'honneur de vous offrir. C'est l'intérêt de la Religion

)(

qui

qui a été mon unique motif;
elle a toujours trouvé en vous,
MONSIEUR, un protecteur
zélé & puissant : cela me fait
espérer que vous regarderés avec
bonté ce que j'ai écrit pour sa
deffense. C'est trop peu pour
un génie aussi vaste que le vôtre,
de procurer le bonheur d'une
grande province, en y entre-
tenant l'abondance, en ména-
geant le cultivateur, & ne per-
mettant pas qu'il soit détourné
de ses travaux utiles, autant
que nécessaires. Non content
d'être l'auteur d'un bien aussi
intéressant, vous visités avec
un soin infatiguable tous les
endroits qui peuvent étendre

les

les branches du commerce, afin
de rendre heureux le peuple
confié à votre vigilance, attentive à tout : c'est trop peu, dis-
je, ce qui concerne la Religion
semble être l'objet principal de
votre attention. Je vous avoû-
rai, MONSIEUR, que je suis
sensiblement touché, quand je
trouve ce trait dans une aussi
belle vie que la vôtre! j'admi-
re votre intégrité, votre prudence, dans l'administration de
la justice; votre activité, en ne
souffrant pas qu'on morfonde
par de longs délais : mais il me
semble plus admirable de faire
régner la paix & la tranquilité
entre les Catholiques & nos fre-
)(2

res

res féparés. Cette haute fageffe contribuera plus que tout autre moyen à les ramener dans le bon chemin. Le public connoît affés que la pofition où la providence m'a placé, me met à l'abri d'être foupçonné d'adulation: je n'articule ici que ce que la vérité m'oblige d'exprimer. Si je favois peindre auffi bien que fentir le vrai mérite, jaurois fait un tableau, au lieu d'une efquiffe. Acceptez, je vous fupplie, l'hommage que je rends à vos vertus, & la proteftation d'être avec refpect,

MONSIEUR,

Votre très-humble & très-obéiffant
Serviteur,
D. B. Sinsart, Abbé de Munfter.

TABLE
DES MATIERES.

AME, l'

Elle

AME, l'

Son

)(4   *Son*

Si

c'eſt

D'AR-

ES-

ESPRIT.

ll

Si

SPI-

INTRO-

INTRODUCTION.

ON ne peut nier que la philoso-
phie n'ait eu bien des accroif-
femens, dans notre siécle & dans
le précédent. Mais ces connoiffances plus étenduës, ont-elles produit
tout le bien qu'on devoit s'en promettre? si on examine les chofes avec
attention, il se trouvera qu'il s'en
faut beaucoup. La raifon seule a
été prife pour la régle de tous nos
jugemens: toute autre autorité n'a
plus été regardée que comme une
chofe, qu'on pouvoit croire autant
qu'elle se trouvoit conforme aux lumiéres naturelles. Ceci fuppofe que
notre raifon ne s'égare jamais: néanmoins les plus grands génies n'ayant

A

pu

pu se dissimuler combien de fois l'esprit humain s'est jetté dans des écars, ont été contraints d'avouër que c'étoit un guide sur lequel il ne falloit pas trop compter.

Un philosophe * hardi autant que téméraire, s'est avisé de mettre en doute si la matière n'étoit pas susceptible de penser : il n'en a pas fallu davantage aux esprits avides de nouveauté, pour prendre l'affirmative. Tout d'un coup cent voix se sont élevées, pour assurer que l'ame n'étoit qu'une matière organisée ; & qu'un pur esprit, étoit une chymère inconcevable. On a poussé les conséquences plus loin, Dieu lui-même, cet être infini, qui surpasse toute intelligence, n'a pu être exempt de la matérialité. Ces prétendus philosophes n'ont pas craint de blasphemer contre le Très-haut. Si on les en croit, tout est matériel : un esprit
séparé

* Locke.

séparé de toute matiére, est un être inconcevable, impossible, en un mot un être de raison.

Par malheur cette doctrine pernicieuse, se trouve répanduë dans quantité d'écrits modernes. Elle a percé dans tous les lieux. Que n'a-t-elle moins de sectateurs! On a eu recours à tous les moyens possibles, pour empêcher que ce cancer ne fit du progrès, mais le mal n'est pas détruit, il avoit poussé de trop profondes racines. Des savans, qu'on ne peut assez louër, ont écrit plusieurs ouvrages admirables, où ils mettent l'erreur en poudre: mais ces traités diffus ne sont guère qu'à la portée de ceux qui ont un certain savoir peu commun. Combien de gens séduits par ces nouvelles opinions, ne sont pas en état de sentir la force des preuves, trop métaphisiques pour eux, & qui supposent des connoissances que n'ont pas la plûpart des

A 2

hom-

4

hommes. Cela m'a fait concevoir
que ce seroit être utile à la religion,
si on ramassoit dans un petit ouvrage, les preuves les plus claires de
la saine doctrine & les plus à la
portée de tout le monde ; c'est ce
que j'ai tâché de faire ici, pour
combattre le matérialisme, & pour
détruire les objections qu'il nous op-
pose.

Je ne demande qu'une chose de
tout lecteur équitable ; c'est de pé-
ser les preuves que je lui mettrai
sous les yeux, & d'en faire la comparaison avec celles que les matérialistes produisent. On appercevra du côté que nous deffendons ,
outre le consentement de tous les
grands hommes pendant dixsept siè-
cles, & l'autorité de la révélation,
des preuves fortes & lumineuses ;
de l'autre part une doctrine qui n'est
appuiée que sur un doute sans fondement, des objections foibles & pleines

nẽs d'équivoques & d'obscurité. J'ai lu avec attention ce qu'on a produit de plus spécieux pour combattre l'immatérialité de l'ame, sans avoir pu rencontrer une seule preuve po-sitive. On demandra comment il a pu arriver qu'une doctrine aussi mal fondée ait gagné tant de sectateurs. Si ce n'étoit qu'une pure spéculation, il n'y auroit pas eu un seul homme qui eut voulu en entendre parler : mais le matérialisme sert à endormir les coupables dans une fausse sécurité, en ôtant toute crainte de l'avenir ; voilà ce qui lui a attiré tant de partisans. Ce n'est pas un sentiment adopté par conviction, le déréglement d'un cœur vicieux & corrompu est ce qui lui a gagné tant de gens.

A 3

Le

Le hazard me fit rencontrer, il y a quelque tems un ouvrage en 4. volumes, où l'auteur (a) *a ramaſſé tout ce qu'il a trouvé de plus ſéduiſant pour prouver la matérialité des eſprits. Après en avoir extrait tout ce qui m'a paru en mériter la peine ; j'ai été ſurpris que des raiſonnemens auſſi minces aient pu faire quelque impreſſion ſur un homme qui a du ſavoir & beaucoup de lecture. J'ai cru devoir réfuter ſes objections, qui ſont tout ce qu'on a pu ramaſſer de plus ſpécieux. Il n'a pas fallu grand'peine pour cela ; ce ſont des principes dont la fauſſeté ſe manifeſte avec un peu d'attention, ou des conjectures ſans fondement, qu'il ſuffit de nier pour les détruire. De très-grands génies ont eu le malheur de*

(a) C'eſt un nommé Cuentz, qui après avoir été Magiſtrat de St. Gall en Suiſſe, s'étoit retiré à Neufchatel, où il fit imprimer ſon ouvrage, auquel il avoit longtems travaillé.

de se laisser séduire par le matérialisme, plus entrainés par le cœur que par la raison ; mais malgré tous les efforts qu'ils ont faits pour lui donner quelque vraisemblance , ils n'ont pu aller plus loin que *Cuentz*, ni trouver quelque couleur dont il ne se soit servi. Cet auteur renversé, entraine par sa chute tous ceux qui pensent comme lui. On espére qu'on en sera persuadé, quand on aura lu les raisons sur lesquelles est appuié le sentiment conforme à la révélation.

Tout lecteur n'appercevra peut-être pas le venin caché dans le matérialisme : il ne sera pas inutile de le découvrir. Dès qu'on est persuadé que notre ame n'est qu'une matiére disposée d'une certaine façon, on ne peut se refuser à cette conséquence si directe : le corps périt par la mort, il cesse d'être un corps animé, pour se dissoudre en différentes

A 4 parties,

partïes, ce n'eſt plus un corps bu-
main : il doit en arriver de même
à l'ame ; ſes parties éparſes çà &
là, ne ſeront plus capables de penſer,
ce ſera un eſpèce d'annéantiſſement.
Plus de récompenſes à eſpérer, ni de
châtimens à craindre. Conſéquemment on peut ſe livrer à toutes ſes
paſſions, lors qu'on pourra le faire
impunément. Ce ſiſtème détruit toute religion ; il n'y a plus de mœurs ;
l'homme ſuit tous les deſirs de ſon
cœur, que les plus ſages payens ont
reconnu être gâté & corrompu.

Le matérialiſme eſt donc une peſte
publique, que tous les gens de bien
doivent combattre à outrance. En
l'adoptant, il n'y a plus de fidélité
entre les hommes : le menſonge, le par-
jure, tous les crimes deviennent permis. On peut ſuivre les affreuſes
maximes de Machiavel & d'Hob-
bes. Un pareil ſiſtème ſe refute
par ſa ſimple expoſition, quand même

me on n'auroit pas des raisons vi-
ctorieuses pour le détruire de fond
en comble. Il doit faire horreur à
quiconque qui n'a pas éteint en
soi les premiers principes que la
raison naturelle départ à tous les
hommes, & dont personne n'est privé, à moins qu'on ne les ait étouffés
par une suite de crimes. Ces con-
sidérations seules suffiroient pour
faire abhorrer le matérialisme ; mais
malgré cela on croit devoir le détruire par les moyens que la raison
nous fournit, contre les détours &
les obscurités dans lesquelles il veut
se retrancher.

Il faut convenir qu'après bien
des recherches sur la nature de l'a-
me, tout s'est terminé à des conjectures nouvelles. Notre esprit, quelques reflexions qu'il fasse sur lui-
même, ne pourra jamais approfon-
dir son essence, qui est un secret caché sous un voile épais, impénétra-

A 5

ble

ble aux yeux de l'humanité. Auſſi le ſujet de ce livre n'eſt pas de forcer cette barriére miſtérieuſe : on à ſeulement eu deſſein de prouver que la matérialité ne pouvoit convenir à notre ame. Nos connoiſſances, quoique bornées, s'étendent aſſés loin pour nous apprendre cette vérité. C'eſt uniquement ce qu'on a eu en vuë, on croira cet ouvrage de quelque utilité, ſi on a pu le mettre au point de prouver la pure ſpiritualité de l'ame.

Je ne puis me diſpenſer de dire ici, que j'ai tiré beaucoup de ſecours de deux grands philoſophes, Mrs. François & de Nesle, chez qui j'ai puiſé ce qu'on lira de meilleur dans cet ouvrage. Comme je ne me ſuis propoſé que l'utilité de mon lecteur, je n'ai pas fait difficulté d'emprunter quelque fois les expreſſions de ces deux écrivains célébres, crainte d'altérer la force & la beauté de leurs

pen-

penſées, ſi je les avois dépouillées des graces qu'elles ont dans l'original, & dont on ne peut guère changer les termes, qu'en leur faiſant perdre de leur mérite. C'eſt, à mon ſens, une ſotte vanité de vouloir déguiſer les biens d'autrui, pour ſe les approprier. J'aurois fort ſouhaité pouvoir écrire d'un ſtile ſuivi, mais les différentes penſées qui regardent toujours le même objet, ne m'ont pas paruës propres à ne faire qu'un même tiſſu. Je me ſuis donc déterminé à les ſéparer ſans liaiſon. Cette méthode, qui eſt authoriſée par de grands écrivains, m'a paru la plus commode, parce que le lecteur ſe repoſe où il lui plait.

On retrouvera le même raiſonnement, la même preuve dans le courrant de l'ouvrage. Il eſt des eſprits qui ne ſont pas frappés d'une vérité qu'on ne leur montre que ſous un certain jour, ils ſe rendroient ſi

on

on la leur préfentoit fous une autre expofition ; c'eft ce qui fait qu'on n'a pas craint de fe répéter, pour fe mettre plus à portée des différens caractères. Une nouvelle tournure de propofer la même chofe, la rend plus proportionée aux différens efprits, c'eft ce qui a déterminé à ne pas craindre ces répétitions. Au refte elles ont reparu le moins qu'il a été poffible. Il eft bien difficile de traiter un fujet unique, fur lequel on a beaucoup de chofes à dire, fans tomber dans l'inconvénient de fe répéter.

PEN-

PENSÉES DIVERSES
Sur l'Ame humaine et sur le Materialisme.

L'Ame.

1. IEN ne peut mieux nous conduire à la connoiſſance de notre ame, que de réfléchir attentivement ſur les proprietés que nous en connoiſſons : par-là on pourra découvrir ſi elle peut être matérielle, ou s'il répugne à ſa nature d'être un corps quelconque. Je connois très-certainement que cet être qui penſe

fe en moi, fent fon exiſtence, & qu'il ne peut la confondre avec aucun autre être. Je fai donc que j'exiſte & que je fuis un tel être : je connois par con-féquent mon individualité. Si on doit me prouver l'exiſtence d'un être quelconque, ce n'eſt pas moi. En conféquence de certaines impreſſions que je re-çois, l'être qui penfe en moi, trouve fon exiſtence actuelle agréable ou pénible. Le chaud exceſſif me fait mal & me caufe de la douleur ; une chaleur dou-ce & tempéré me fait plaifir & m'affecte agréablement. Je ne puis douter que ces impreſſions ne foient réelles, ni quelles ne me foient propres. J'ai des perceptions de plufieurs chofes : ces idées ou répréſentations, font mes façons d'être, ainfi que la douleur & le plaifir que je reſſens.　　　　2. Je

2. Je me suis trouvé quelque fois comme abforbé dans un fentiment d'inertie & d'engourdiffement , fans éprouver aucune impreffion diftincte, réduit au pur fentiment de mon exiftence. Je ne puis produire en moi ni la douleur , ni le plaifir , ni même mes connoiffances. J'éprouve en moi un attrait vif pour mon bien-être, & de l'averfion pour tout ce qui me caufe de la peine. Je trouve donc en moi de l'activité. De-là mon ame connoit qu'elle a le pouvoir de fe modifier par les defirs, par l'averfion. Tout acte de ma volonté vient de moi ; c'eft un effet dont je fuis la caufe. Je fens que les modalités que je me donne, font contingentes en moi : je puis defirer les richeffes ou les dignités , fans que le fond de

mon

mon être courre rifque d'être détruit, fi mes defirs fe portoient vers d'autres objets. Je tire de-là les notions de poffibilité, de pouvoir faire ou ne pas faire. Notion de liberté.

3. Je me fens porté invinciblement vers le bien en général : je ne puis aimer le mal comme mal. Mais pour ce qui eft de chaque bien particulier, je n'éprouve point cette pente invincible ; je fens au contraire que je fuis le maître de me porter à l'un ou à l'autre, ce que j'éprouve à chaque inftant. Idée claire de la liberté dont joüit ma volonté. Sans elle d'où proviendroit la différence, qu'on vient de marquer, entre l'attrait du bien en général, & de chaque bien en particulier ? Les impreffions qui me viennent d'une caufe étrangére

gére, font contingentes ; je fens
qu'il m'eft impoffible de ne pas
les reffentir : celles qui me font
desagréables font en moi malgré
moi ; je ne puis me procurer par
le feul defir les modalités qui me
plairoient. De-là, la notion de
néceffité ; notion de dépendance
d'une volonté toute - puiffante
fur moi. Je puis éprouver tout
à la fois plufieurs de ces modalités. Je joüis du plaifir de la vuë
d'un objet riant, j'éprouve l'agréable fenfation d'un mêt exquis ,
mon oreille eft frappée d'une
fymphonie flatteufe. C'eft moi,
c'eft le même être qui éprouve ces
fenfations en même tems. Notion de fubftance, & de façons
d'être ; d'une unité de la fubftance & de plufieurs modalités.
Je ne trouve point en moi plufieurs perfonnes, felon le nombre de perceptions , de fenfa-
B tions

tions que j'éprouve à la fois. Celui qui a eu le plaisir de la vuë, du goût & de l'oüie, n'est qu'une seule & même personne, c'est moi.

4. Je sens en moi une faculté que j'appelle mémoire, qui me répréfente une bonne partie de toutes les modalités que j'ai ressenties; le bien, le mal, depuis que je me connois, quantité de faits que j'ai vûs ou lûs &c. Au travers de toutes ces chofes, je reconnois toujours un fond d'être invariable. Le même qui aimoit à courir à l'âge de 10. ans, est celui qui chérit le repos & la tranquillité à 50. ans passés. Le même qui étoit malade il y a un certain tems, se souvient aujourd'hui de cet état pénible. De-là je tire la notion de la durée de l'individu. Notion de la succession de différentes

rentes maniéres d'être fucceffivement dans le même fujet; &
enfin notion de fubftance, ou
du même être permanent. J'ai
quelque puiffance fur ma mémoire ; mais elle n'eft point un
effet de ma volonté. C'eft un
tréfor qui me vient d'une caufe
étrangére. Je fens l'action de
la caufe qui me modifie, & j'ai
le fentiment intime que mes
modifications ne viennent pas
de moi. Le plaifir, la douleur,
&c. font des chofes que je n'é-
prouve pas néceffairement ; le
principe qui me les fait reffentir eft donc libre. Sa volonté
agit immédiatement fur moi :
il connoît ma fubftance, puis
qu'il fait comment il faut agir
pour l'affecter de telle & telle
façon ; il a donc fur elle une
puiffance abfoluë. Je n'ai pas
cette puiffance, puifque je ne

B 2

fuis

fuis pas le maître d'agir fur aucune fubftance, par un acte de
ma volonté.

5. Aucun être ne peut pénétrer mes penfées, néanmoins je
fens la préfence intime d'un œil
qui voit tout au dedans de moi,
c'eft lui qui me modifie : il eft
donc un être excellent, & à la
puiffance duquel il n'y a point
de bornes, c'eft le Tout - puiffant. Tout être qui exifte, a
néceffairement une façon d'être,
car s'il n'étoit pas d'une certaine maniére, il n'exifteroit pas.
Ce n'eft pas moi qui me donne
mes modifications, je dépend
donc d'une caufe qui me modifie. De-là je tire la notion d'un
créateur, & celle de ma dépendance, & l'obligation de l'ho-
norer comme mon bienfaiteur,
auquel je dois l'être & tout ce
que je trouve de bon en moi.

Il

Il est vrai que par ma liberté je puis me donner certaines modifications, mais cette liberté est aussi un don du créateur.

6. Toute perception est singuliére ; mais sachant que le Tout-puissant a pu produire une infinité d'êtres semblables à moi, cette considération rend universelle la notion que j'ai de moi - même. Elle devient idée, & comprend toutes les ames possibles. Ceci doit être appliqué à tous les objets que nous connoissons. L'ame sent la faculté de raisonner, de comparer les idées, d'affirmer, de nier, de douter. Aucune sensation n'en est le principe, ni les objets extérieurs : Cette faculté s'éxerce indépendamment d'eux. Tout homme qui se considérera attentivement, verra que tout ce qu'on vient

B 3

de

de dire se trouve en lui; & qui eſt préciſément l'ame humaine.

7. L'ame n'a pas le pouvoir de douter de ſon exiſtence propre, mais elle peut douter de l'exiſtence des corps. Ceci la diſtingue de toute ſubſtance corporelle. Quelques Philoſophes ont écrit que l'ame tiroit la connoiſſance de ſon exiſtence, des ſenſations qu'elle recevoit des objets extérieurs : mais l'ame ſe trouve quelque fois dans un état où toutes les ſenſations ſont ſuspenduës, qui eſt comme une eſpéce d'inertie, ſans qu'elle ceſſe de ſentir ſon exiſtence. Tel étoit l'état de ce prêtre de Calame lors qu'abſorbé en lui-même, il étoit inſenſible à la brulure, ou aux piqures qu'on faiſoit ſur ſon corps. C'eſt de St. Auguſtin que nous apprenons ce fait ſingulier.   8. Nos

8. Nos senfations ne font que des modifications de l'ame. Je puis en avoir plufieurs en même tems. J'entens un concert, je regarde un tableau, mon goût eft flatté par une liqueur agréable : laquelle de ces trois fenfations apprent-elle à mon ame fon exiftence individuelle ? La quelle me fait connoître que c'eft moi-même qui entend, qui voit & qui favoure ? Le fon ne peut m'apprendre que c'eft la même perfonne qui voit une peinture, & qui goûte une liqueur flatteufe. Comment trois modifications fi différentes m'annonceroient-elles l'unité de ma perfonne, fi je ne la connoiffois d'ailleurs ? J'avois froid, je me chauffe : à la fenfation du froid fuccéde celle de la chaleur ; comment la fenfation de la chaleur m'apprent

B 4   elle

elle que je suis le même qui avoit froid il y a peu ? Les sensations se succédent, comment saurai-je par leur moyen, que je suis la même personne qui ait ressenti le froid rigoureux de 1709 ?

9. Peut-on tirer de nos sensations les notions de nôtre volonté, de nôtre liberté, le pouvoir d'affirmer, de nier, de douter ? Est-ce que la vuë d'un verre de vin, me fait connoître que je peux le boire ou le laisser ? La sensation ne me fait pas connoître ce pouvoir, en quoi consiste ma liberté. Je vois des corps qui m'affectent ; je puis douter de leur existence, puis que dans un songe, j'ai eu de pareilles sensations, quoique les corps que je croyois voir n'éxistassent point. Le pouvoir de douter de leur existence ne

m'est

m'eſt donc pas connu par les ſenſations. Je ſens que je puis exiſter ſans telle ou telle modalité qui m'affecte : je connois par-là qu'elle eſt contingente : je puis exiſter ſans elle. Il y a donc en moi un fond d'être qui n'eſt pas contingent pour moi, ſans lequel je n'exiſterois pas. Comment des modalités pourroient - elles produire en nous ces deux connoiſſances ? La même cauſe ne produit pas deux effets oppoſés dans le même ſujet.

10. Le ſentiment, la réfléxion, l'expérience intérieure, ſont les moyens que nous avons de découvrir la nature de l'ame ; comme nous nous ſervons des ſens pour examiner celle des corps. Ceux qui croyent que les ſecours que nous avons dans la recherche des facultés de

           l'ame,

l'ame, font plus foibles & plus incertains que ceux qui nous guident dans les obfervations fenfibles, fe trompent beaucoup. La différence eft toute à l'avantage des premiers. Mille caufes peuvent déranger l'action des fens, & des inftrumens matériels ; au lieu que le fentiment interne, eft fixe & invariable. C'eft ce qui a fait foûtenir à Descartes, qu'il eft plus aifé de connoître l'efprit humain que le corps.

11. Il paroit bien naturel de conclure que notre ame n'a rien de commun avec les corps, puis qu'en fentant fa fubftance individuelle, elle n'entrevoit dans ce fens intime de fon exiftence, aucuns traits des dimenfions, ni aucune propriété de la matiére. On fe recrie fur l'ignorance où nous fommes de la nature

ture de notre ame ; mais connoît-on mieux celle des corps ?
De qui font connus les corps
vivans , finon des anatomiftes,
qui doivent leurs connoiffances
à l'étude qu'ils ont faite, de
ceux qu'ils ont diffequés ? Prefque tous les hommes ignorent
comment eft conftruit leur propre corps. Savent-ils quels refforts il faut faire joüer pour
mouvoir leurs bras ? comment
un arbre croit ? & ainfi du
refte. On ne connoit guére que
la fuperficie, & pour ainfi dire
l'écorce des corps. Quant à
leur effence, on ne la connoît
pas avec certitude. Descartes
avoit cru qu'elle confiftoit dans
l'étenduë ; grand nombre de
Philofophes ont combattu ce
fentiment, en faifant voir que
le vuide étoit étendu. Il faut
donc conclure de ceci qu'on ne
connoît

connoît que les propriétés des êtres. On doit encore avouër que l'on connoit au moins autant de propriétés de l'ame, qu'on en connoit du corps ; & qu'il faut convenir que l'ame nous eſt mieux connuë que le corps. Il ſemble que la premiére choſe que nous connoiſſons du corps, c'eſt ſon étenduë ; mais ce n'eſt pas la premiére notion ni ſon eſſence ; car tout au contraire l'étenduë préſupoſe les idées de l'unité, de la multitude, des parties , & de la continuité : idées dans lesquelles l'étenduë doit être réſoluë.

12. L'ame peut être affectée par les cinq ſens, & en même tems penſer, délibérer, & enſuite vouloir. Ce ne ſont pas ſept êtres différens en moi, qui ſoient chacun le ſujet de chacune de ces modifications; c'eſt

un

un feul & même être. C'eſt moi qui voit, qui entend, &c. en un mot un être unique, in-dividuel.

13. L'ame ſent ſon exiſtence & les variétés de ſon exiſtence. Elle ſait qu'elle eſt ſuſceptible de félicité & de miſére, ſans y appercevoir de bornes. L'ame eſt capable de connoître les êtres qui exiſtent & ceux qui ſont poſſibles : elle peut ajoû-ter à ſes connoiſſances toujours en augmentant, ſans en voir la fin. L'ame ſent en elle un amour invincible pour le bon-heur : elle eſt libre de choiſir entre les biens particuliers. L'a-me a le pouvoir de remuer ſes membres, & par ce moyen elle modifie les autres corps qui l'en-vironnent. L'ame apperçoit qu'elle ſe reſſouvient du paſſé, qu'elle ſe rappelle une infinité

de

de faits. Que faut-il de plus pour connoître un être, que toutes les connoiffances que l'ame a de foi & de fes propropriétés ? Qu'on raffemble tout ce que nous favons, touchant la matiére, il fera facile de montrer que nous connoiffons plus de propriétés de l'efprit que du corps, ou même de tout être créé quelconque.

14. Mais, direz-vous, qu'eft-ce qu'une fubftance fpirituelle ? Il feroit plus aifé de dire ce qu'elle n'eft pas, que d'affigner précifément ce qu'elle eft en elle-même. C'eft neanmoins beaucoup la connoître, que d'être affuré qu'elle eft toute différente de la fubftance matérielle, parce qu'elle a des propriétés incompatibles avec les corps. Ainfi elle n'eft point folide, puisque la folidité eft op-

poféе

poſée à la ſenſibilité & à l'activité ; elle n'eſt pas péſante, puis
qu'elle n'eſt pas ſolide ; elle n'a
point de figure déterminée, qui
ſuppoſe de la ſolidité ; par la
même raiſon elle n'eſt pas viſi-
ble, parce qu'il faut de la ſolidité pour réfléchir la lumiére ;
enfin elle n'eſt point dure,
parce que la dureté eſt oppoſée
à la ſenſibilité, & que d'ailleurs
elle ſuppoſe la ſolidité. La ſubſtance ſpirituelle eſt ſimple, ſenſible & active : elle a en elle-
même le principe de ſon action,
& conſtituë un être qui a le pouvoir de ſentir, de réfléchir, de
juger, de vouloir & d'agir ; propriétés entiérement oppoſées à
celles de la matiére.

15. Il faut diſtinguer ſoigneu-
ſement ce qui ſe paſſe en nous,
quand nous formons un jugement. Je reſſens deux impreſſions

fions différentes, comme d'un froid aigu, & d'une chaleur douce; je juge que la premiére m'eft peinible & l'autre agréable. Ceci nous conduit à pouvoir connoître fi l'ame eft matiére ou efprit. Je ne puis concevoir la matiére fans parties; ce n'eft donc pas un être matériel qui forme mes jugemens. J'éprouve une impreffion unique & très-fimple dans mon ame : fi elle eft matérielle, il faut que cette impreffion foit reçuë dans une partie indivifible; car fi elle étoit reçuë dans plufieurs parties, ce ne feroit plus une fenfation unique, mais multipliée autant de fois qu'il y auroit de parties qui l'auroient reçuë. Mais il n'y a point de parties indivifibles; toute matiére quelconque eft compofée de parties, fans quoi elle ne

feroit

feroit pas étendue, ce qui répugne à fa principale propriété. L'extenfion n'eft compofée que de parties qui font jointes les unes aux autres.

16. Que fi vous fuppofés qu'un être compofé de parties peut prononcer fur tout le fentiment, ou fur plufieurs fentimens reçus à la fois, vous ne penfés ainfi que faute de réflexion ; car fi chaque partie jugeoit de ce qu'elle fent, de ce qu'elle apperçoit, c'eft - à dire d'une partie du fentiment, d'une partie de l'idée, il n'y auroit point de jugement total ; ce n'eft pas ainfi que notre ame penfe. Subtilifés la matiére tant que vous voudrés, elle fera toujours compofée & divifible fans fin. Pour développer ce qu'on vient de dire, imaginons un quarré qui fe préfente à mes yeux ;

yeux ; j'ai le fentiment de quatre côtés : fi ce fentiment étoit
reçu dans un être compofé de
plufieurs parties, chacune d'elles pourroit appercevoir un côté,
& ne pourroit juger que de ce
qui l'affecteroit ; cette ame matérielle verroit dans une de fes
parties une ligne & non un
quarré : elle ne pourroit donc
pas juger de la figure en entier,
mais de chaque côté pris féparément, ce qui n'eft point l'idée
d'un carré. Or ceci eft contraire à l'expérience de tous les
hommes , & conféquemment
l'ame n'eft point matérielle, elle
eft fans parties.

17. La croyance de la matérialité de l'ame, n'eft qu'un effet du préjugé, ou des paffions ;
cela eft fi vrai, qu'aucun homme, qui n'eft pas guidé par ces
motifs, n'affurera point qu'il croit
ma-

matériel ce qui penſe en lui. L'homme le moins cultivé & chés qui la nature eſt toute brute, ne croira jamais que ſon eſprit eſt de même nature que la pierre ; jamais perſonne, en ſuivant les lumiéres naturelles, n'a été tenté de penſer que la matiére eut des connoiſſances & du ſentiment. D'où vient donc que certaines ames s'imaginent être matérielles ? On peut par vanité débiter un ſyſtéme ſingulier, afin de paroître ne pas penſer comme le commun des hommes. Outre cela une ame toute occupée de ſon corps, qui ne penſe qu'aux biens matériels, qui ne connoît d'autres plaiſirs que ceux que les ſens lui procurent, une telle ame craignant les peines d'une autre vie, peut, pour ſe mettre en repos, ſe porter à croire qu'elle eſt matérielle. 18.

18. La plûpart des hommes diftinguent l'ame du corps, par un fentiment naturel ; c'en eft affés pour prouver la fpiritualité de ce qui penfe en nous. Si tout étoit matiére, d'où l'ame entiérement matérielle, auroit-elle tiré l'idée d'un efprit? Comment un être matériel nous auroit-il donné la connoiffance d'un pur efprit, qui exclut toute matérialité? Une image ne peut répréfenter que ce qu'elle contient en foi ; conféquemment ce qui eft étendu ne peut donner l'idée du non-étendu. Le noir ne peut répréfenter le blanc, ni en faire naitre l'idée. Toute idée a une caufe : qu'on dife donc d'où vient l'idée de l'être immatériel, s'il n'exifte rien qui ne foit matiére?

19. Quelqu'uns fe font efforcés de prouver que la penfée n'eft

n'eſt pas eſſentielle à l'ame,
parce qu'on eſt quelque fois
dans un certain état où l'on ne
penſe à rien. Ceci n'eſt qu'une
équivoque : pour l'ame, exiſter
c'eſt penſer, comme penſer c'eſt
exiſter. Que veut-on dire par
cette expreſſion, je ne penſe à
rien ? Rien autre choſe, ſinon
qu'on ne fait pas attention à
ſes penſées. Il arrive de même qu'avec les yeux ouverts on
ne remarque pas ce qui eſt devant ſoi, parce qu'on eſt diſtrait;
quoi qu'il ſoit certain que les
objets ſe peignent dans les
yeux, & qu'on les voye véritablement, mais ſans y faire aſſés
d'attention. Un homme plongé
dans une profonde méditation,
ne s'appercevra pas du ſon d'u-
ne cloche, quoique le bruit ait
certainement affecté ſon oreille.
Il a oüi le ſon, mais il n'y étoit

C 3

pas

pas affés attentif, & ne s'en eſt point apperçu. C'eſt ainſi qu'il nous paſſe bien des idées dans l'eſprit, qui nous affectent ſi foiblement faute d'attention, qu'il nous ſemble ne les avoir jamais euës.

20. C'eſt une erreur ſenſible de ne pas reconnoître un principe intelligent différent de la matiére, dans tout ce qui eſt fait avec art. Si l'ame eſt matérielle, on ne doit concevoir en elle que les proprietés de la matiére, c'eſt-à-dire le mouvement, le repos, l'étenduë &c. Car lui attribuer des qualités dont nous n'avons aucune notion, c'eſt une choſe abſurde. Nous ne devons parler de la matiére, ſi on raiſonne ſenſément, que relativement à ce que nous en connoiſſons. En prononçant que notre ame n'eſt

que

que matiére, il faut conféquemment ne lui attribuer que les
proprietés de la matière ; l'extention, le mouvement &c.

21. J'ai fous les yeux une
montre à répétition ; je veux
favoir comment elle a été faite,
quelle eft fa caufe. Puis-je croire
que c'eft le feul mouvement
de la matière, fans lui affigner
d'autre principe ? Mais fi tout
l'art & l'induftrie que je découvre dans cette machine, a pu
n'être que l'effet du mouvement,
fans admettre de principe intelligent diftingué de la matiére,
je demande pourquoi les divers
mouvemens qui exiftent dans
le feu, l'air, la terre &c. ne pro-
duifent point de montres à répétition ? Car il n'y auroit rien
de furprenant, en fuivant les
principes du matérialifme, fi les
montres croiffoient dans la terre

C 4   comme

comme les champignons. Le mouvement de la matiére pourroit produire des hommes, des animaux, comme de mauvais philofophes l'ont penfé. Rien de femblable n'a paru : il faut donc en conclure que tout ce qui montre de l'art, ne peut être que l'effet d'un être intelligent, diftingué de la matiére.

22. Mais, dit-on, la matiére eft fufceptible de mouvement, pourquoi la penfée ne pourroit-elle lui convenir auffi ? J'ai de l'eau dans une bouteille, je l'agite : qu'en arrive-t-il ? Les parties de la liqueur changent de place. Eft-il quelqu'un affés imbécille pour croire que cette liqueur penfe, parce que je l'ai mife en agitation ? Ajoutés que tout mouvement eft fucceffif & demande du tems ; la penfée au contraire naît dans l'inftant,

elle

elle ne demande point de tems pour fe faire fentir : c'eft donc autre chofe que le mouvement. Dans tous nos raifonnemens, nous comparons deux idées, pour prononcer fur leur rapport ; comme quand je compare un quarré avec un cercle, je dis que ce font deux figures différentes. Obfervés que mon ame voit en même tems le rapport ou la difconvenance des objets ; c'eft un acte très-fimple. Mais fi la matiére penfoit, comme elle a différentes parties, ces trois idées d'un raifonnement feroient dans trois de ces parties, diftinguées & féparées entre-elles, ce qui ne peut s'accorder avec la fimplicité & l'unité de nos jugemens.

23. Ce qu'on vient de dire de la comparaifon des idées, peut s'appliquer à tous les fens. Si

la

la matiére a du sentiment, comment comparera-t-elle les sons, par exemple ? Le son qui se fera sentir à une partie de l'ame, sera différent de celui qui affectera la partie voisine, qui ignorera si ce ton est grave ou aigu ; il ne pourra donc y avoir de comparaison entre ces deux tons : on ne pourra dire si l'accord est bon ou mauvais. Mais ce n'est pas ainsi que notre ame juge des sons. Nous sentons d'une seule impression, si un accord est parfait, ou faux. Nous jugeons par un acte très-simple, si la modulation est dans le mineur, ou le majeur. Ce qui juge en nous n'est donc pas un être composé de parties. Cette opération ne peut convenir qu'à un être simple & immatériel.

24. Si on vouloit agir de bonne

bonne foi, rien ne feroit plus aifé que de fe convaincre de la fpiritualité de notre ame. Qu'on examine notre liberté, cela fuffit pour une preuve auffi lumineufe qu'on peut la defirer. Tout homme porte en foi un fentiment vif & dont il ne peut douter, qu'il peut vouloir une chofe ou une autre. On peut violenter mon corps à faire telle ou telle action malgré moi : mais rien ne peut forcer ma volonté ; je fuis parfaitement le maître de fes penchans. Cette liberté, eft une proprieté enffentielle de notre ame, qui ne peut appartenir à la matiére, & conféquemment l'ame ne peut être matérielle.

25. Tout corps a un fond d'inertie, ou une incapacité à fe mouvoir de foi-même ; s'il n'eft choqué par d'autres corps, il reftera

reftera dans un éternel repos. Ceci eft fondé fur une expéri-ence continuelle, qui n'a point d'exception. Qui a jamais vû un corps fortir de fon repos, fans avoir été mis en mouve-ment par quelqu'autre ? De-là il eft aifé d'appercevoir que fi l'ame étoit matérielle, elle ne pourroit fe refufer à l'impreffion que les corps feroient fur elle. Sa détermination viendroit du dehors, elle n'en feroit pas la maîtreffe. Mais nous éprouvons le contraire à chaque inftant, où nous faifons ufage de notre liberté. Je fens que je ne me détermine qu'à ce que je veux ; c'eft dans moi que la liberté ré-fide : je n'ai jamais éprouvé qu'un agent extérieur ait donné à ma volonté une détermina-tion contraire à ce que je vou-lois. On ne peut contefter cette

vérité,

vérité, qui eſt ſentie de tous les hommes. Rien ne nous eſt mieux connu que notre indif-férence, pour choiſir tel ou tel parti. Que je demande à l'homme le plus groſſier, pourquoi il ſe détermine à vouloir une choſe plutôt qu'une autre : il me répondra ſans héſiter, c'eſt que je le veux, cela me plait. Sa réponſe eſt juſte, on ne peut en donner de meilleure.

26. Mais, dira-t-on, qui peut concevoir un être ſans étenduë? Je vous répond que tous les efforts de votre imagination ne vous répréſenteront jamais une penſée ſous aucune figure. Eſſaïés de donner de la longueur, de la largeur à un deſir, à un vouloir. Concevés, ſi vous le pouvés, de combien de pieds, de pouces, un raiſonnement eſt plus long qu'un autre. Cela prouve

prouve l'abſurdité de croire la penſée matérielle. Concluës donc qu'un eſprit eſt un être d'un ordre différent des corps ; avec leſquels il n'a rien de commun. Il n'eſt rien dont vous ſoyés auſſi ſûr que de l'exiſtence de vôtre eſprit. La penſée étant immatérielle, elle ne peut être une proprieté, ni une modification de la matiére : elle appartient donc à une ſubſtance immatérielle, qui exiſte à ſa maniére. Ce n'eſt qu'une ſuite des préjugés de l'enfance, où les corps ſeuls nous affectoient, qui nous ont induits à ne reconnoître que des êtres matériels. Il faut rentrer au dedans de ſoi-même, pour ſe convaincre que ce qui penſe en nous ne peut être corporel.

27. Si l'ame eſt matérielle, qu'eſt-ce qui cauſe le jeu de

cette

cette machine ? Eſt-ce un reſſort ? Eſt-ce une certaine ondulation d'un fluide ? Si l'homme eſt bien perſuadé qu'il n'eſt que matiére, rien ne lui doit plus paroître criminel ni vicieux ; tout ne ſera pour lui que l'effet des loix du mouvement : or quelque degrés de viteſſe, quelques directions droites, courbes ou circonflexes, font-elles le crime ? Tout cela n'eſt-il pas une ſuite néceſſaire de la communication du mouvement ? Rien n'eſt criminel dans un effet naturel & néceſſaire.

28. Suppoſons que nous puiſſions nous perſuader que les hommes ſont des machines ; nous ne croirions pas leur devoir plus de fidélité qu'à une montre : la machine iroit comme elle ſeroit montée, quelqu'engagement qu'on eut pris avec

avec un de nos amis. L'horloger a eu intention que la montre qu'il a faite allât bien : Si elle se dérange, on ne s'en prend pas à elle ; elle va certainement comme elle doit aller, même quand elle va mal.

29. Je sens intimement que mon ame est un être, tel que je ne puis le confondre avec aucun autre ; or dans tout notre corps, même dans la tête, il n'y a aucune partie dont je sente l'existence de façon qu'elle me paroisse un être tel, distingué de tout autre. Il n'y a donc aucune partie de mon corps qui soit mon ame ; elle n'est donc corporelle en aucune façon. Qu'on cherche telle partie du cerveau qu'on voudra, on n'en trouvera aucune, où on reconnoîtra cet être numérique qui se sent exister, qui réunit

les

les propriétés de fentir, de concevoir & d'être libre. Nous
fentons notre état de bon fens,
nous percevons nos fenfations,
nos penfées, nos volontés : mais
nous ne percevons point telle
ou telle difpofition, cette harmonie de notre cerveau, quand
nous fommes de fens raffis : il
eft donc vrai qu'une telle ou
telle difpofition de notre cerveau, n'eft point la caufe de nos
fonctions fpirituelles : notre ame
eft donc autre chofe que le
phyfic de notre corps.

30. Tout corps eft compofé;
l'ame eft un être unique. Je
vois un tableau tout entier, j'entens au même inftant une fymphonie ; je fens par-là que mon
ame eft un être fimple. Si elle
étoit matérielle, les rayons de
la lumiére qui me font voir l'objet, fe peindroient en différens

 en-

endroits de l'ame, & ne lui fe‑
roient appercevoir que différens
points du tableau; mais elle le
voit tout entier. Faites pein‑
dre une tête fur toile, chaque
partie de cette tête n'occupera
que quelques fils de la toile,
parce qu'elle eft matérielle &
étenduë ; aucuns de ces fils
couverts de couleurs, ne répré‑
fentera toute la tête, mais une
partie feulement. Mon ame au
contraire voit la tête entiére au
même inftant, ce qui ne peut
venir que de fa fimplicité. Si
elle étoit matérielle, elle n'ap‑
percevroit que diverfes parties
du tableau, qui répondroient
aux parties de l'ame qui en fe‑
roient affectées.

31. On peut appliquer ce rai‑
fonnement aux différens accords
de mufique, que l'ame fent au
même moment. Les différen‑
tes

les parties de l'air modifié par
la voix, affectent différentes
parties de l'oreille, dont l'une
entend un feul fon ; l'ame au
contraire perçoit tous les accords à la fois ; preuve de fa
fimplicité & de fon immatérialité.

32. Quelques modernes ont
prétendu que l'on ne connoît
pas les fubftances, & qu'ainfi
on ne pouvoit affurer fi notre
ame étoit matérielle ou non.
Ceci eft une équivoque : veut-
on dire que tout ce qui eft
dans une fubftance ne nous eft
pas connu ; cela eft vrai. Mais
quand nous connoiffons un
grand nombre de propriétés, qui
nous font diftinguer une chofe
de toute autre, fans jamais la
confondre ; fi on prétend que
ce n'eft point là connoître, on
fe trompe vifiblement. Sans
cela on pourroit dire qu'on ne

D 2   con-

connoît pas un ami avec qui
on vit journellement, parce
que nous ne connoiſſons pas
toutes les parties internes de
ſon corps. Il eſt certain que
nous connoiſſons beaucoup de
propriétés de notre ame, ce qui
nous met en droit de dire que
nous la connoiſſons. On a déja fait l'énumeration de ces propriétés.

33. Baile dans ſes nouvelles
de la République des Lettres,
rapporte ce raiſonnement de
l'abbé Dangeau, qu'on vât abréger, parce qu'on en a déja
vû qui lui reſſemble. Je me
chauffe la main, cela me fait
plaiſir: en même tems on m'approche une orange du nés, ſon
odeur me fait encore plaiſir, &
je peux dire lequel des deux
plaiſirs m'affecte le plus agréablement. On me montre un
beau

beau tableau, j'entens une belle voix, je mange un bon morceau, & cela dans le même inftant; je compare ces plaifirs que je reffens à la fois, & je juge de celui que je préférerois *aux* autres. Ce qui fent donc en moi n'a point de parties, car s'il avoit plufieurs parties, l'une fentiroit la chaleur, pendant que l'autre fentiroit l'odeur. Il faut donc conclure que l'ame qui eft le principe de nos fentimens, eft un être fimple. Si elle eft fimple, elle eft indivifible & immatérielle par conféquent.

34. Ne dites pas que chaque partie de l'ame reçoit ce que toutes les autres reçoivent. Car dans cette fuppofition, fi votre ame avoit deux parties, il y auroit en vous deux chofes qui fentiroient, qui jugeroient, fans qu'il vous en arrivât plus d'a-

 vantage

vantage que s'il n'y en avoit qu'une : d'où il s'enfuit que l'une des deux feroit entiére- ment inutile : outre qu'un être qui peut reunir enfemble deux plaifirs, ou un plaifir & une dou- leur, deux jugemens, doit né- ceffairement être fimple & indi- vifible. Voici ce que Baile pen- fe de ce raifonnement : On peut dire fans hyperbole, que c'eft une démonftration auffi affurée que celles de Géométrie. Ce critique fe connoiffoit certaine- ment en bons raifonnemens, & lui qui fe plaifoit plus à détruire qu'à édifier, n'étoit pas homme à fe contenter d'une preuve qui auroit été équivoque.

35. Je fens d'une façon qui ne laiffe aucun lieu au doute, que ce qui penfe en moi, eft le même être qui exiftoit il y a 20. ans, 30. ans : la mémoire

me

me rappelle toutes mes actions paſſées. Le mouvement eſt ſucceſſif & dans un changement continuel, mon ame eſt un être fixe & permanent; il n'eſt donc pas poſſible que le mouvement ſoit le principe des penſées que j'ai euës, & que j'ai continuellement. Un corps n'agit ſur un autre que par impulſion, & tous les mouvemens quelconques n'ont point d'autre cauſe : mais notre ame eſt muë par le paſſé, par l'avenir, par des chiméres. Notre ame eſt donc une puiſſance différente du corps : puis que celui-ci n'eſt jamais mis en mouvement que par une cauſe actuellement exiſtante. Je prie qu'on péſe bien ce raiſonnement.

36. Les matérialiſtes nous diſent qu'il faut être bien hardi, pour conteſter à Dieu la puiſ-

 fance

fance de rendre la matiére capable de penfer. Mais je leur
demande, s'il ne faut pas une
plus grande hardieffe pour ofer
dire, qu'il n'eut pas été auffi facile à Dieu de créer une ame
telle que nous la concevons ?
Qui décidera cette queftion ?
Nous avons mille preuves pour
notre fentiment, tandis que l'autre n'eft appuié que fur des conjectures frivoles. Que Dieu
puiffe ou qu'il ne puiffe pas faire
penfer la matiére, il eft toujours certain qu'une matiére qui
penferoit, n'auroit rien de commun avec notre ame, qui eft
une unité fimple. Vouloir donc
que la matiére puiffe devenir
un efprit humain, c'eft prétendre qu'elle pourroit être indivifible, & l'annéantir par conféquent.

37. Nous n'avons qu'un
moyen pour juger de la nature
des

des êtres; c'eſt de conſulter nos idées. Mais comment nous répréſentent-elles un être penſant? Il s'offre comme ſimple, ſentant ſa propre exiſtence, capable de plaiſir, de douleur, de comparer ſes idées, de juger, de délibérer, de choiſir à ſon gré &c. La matiére au contraire n'eſt conçuë que comme un être étendu, diviſible, &c. Or qu'apperçoit-on de commun entre ces deux êtres? Comment donc peut-on vouloir qu'on les regarde comme un même choſe, tandis qu'ils ont des qualités diamétralement oppoſées? Les Matérialiſtes ne vous produiſent que de foibles conjectures: nous leur oppoſons des raiſons ſolides, & plus que tout cela la révélation, ſous laquelle ont plié des génies bien ſupérieurs à tous ces prétendus eſprits forts.

D 5 La

La révélation a tout décidé : qu'on ait flotté dans l'incertitude avant sa lumiére, je n'en suis pas surpris : mais ce qui m'étonne, c'est qu'on ose oppofer des raifonnemens futiles, contre la plus grande certitude poffible.

38. D'où vient que si peu de gens connoiffent la nature de leur ame ? C'eft que nous fommes continuellement occupés de nos fenfations. On fe répand hors de foi-même, on ne veut que fentir & jamais penfer. Il faut avouër que les paffions offufquent la lumiére qui devroit nous guider : malgré cela elle luit encore affés, pour ceux qui veulent y faire attention. En fe recuëillant & en rentrant dans notre intérieur, on apperçoit d'abord qu'être & penfer eft une vérité la plus

claire

claire que nous connoiffions. Cette vérité eft indépendante de nos fens, de notre imagination, & de toutes nos autres facultés. L'exiftence de notre corps & des autres objets extérieurs, n'eft pas d'une égale certitude. Notre ame, notre fens intérieur, n'a rien de femblable à la nature des organes extérieurs. La fenfation excitée dans notre ame par le fon, ne reffemble pas à ce trémouffement que le fon produit dans l'air. Ce font nos oreilles qui ont une convenance avec cette matiére agitée, parce qu'en effet elles font de la même nature que cette matiére elle-même. La fenfation que nous éprouvons, n'a rien de commun ni rien de femblable avec ce qui l'occafionne. Ceci montre que notre ame eft d'une nature différente de la matiére. 39.

39. Quand on réfléchit sur son ame, elle ne nous offre qu'une forme très-simple ; cette forme est la pensée, qui ne présente rien de divisible, rien d'étendu, rien de matériel. Conséquemment le sujet de cette forme, notre ame, est indivisible, immatériel : tous les corps au contraire ont une ou plusieurs formes, chacune de ces formes est divisible, étenduë, variable, &c. & toutes sont relatives aux organes, avec lesquels nous les appercevons.

40. Si le sens intérieur, ou l'ame de l'homme, étoit matériel, il devroit être plus intelligent à proportion que ses organes seroient plus parfaits : c'est néanmoins ce qu'on ne remarque pas. Les personnes qui ont les sens obtus, la vuë courte, l'oreille dure, l'odorat émoussé

ou

ou infenfible, n'ont pas moins d'efprit que ceux qui ont les organes les mieux conformés. Ceci prouve que l'homme a un principe en foi bien fupérieur à tous les fens extérieurs, & que ce fens intérieur eft différent de tout ce qui eft matériel en nous. Il faut donc que cet être foit une fubftance fpirituelle, dont l'effence & l'action n'a rien de commun avec la matiére.

41. L'ame de l'homme ne peut fe divifer. Qu'on lui coupe un ou plufieurs membres, l'efprit refte entier, & n'eft point diminué. L'ame eft donc indivifible. Elle n'eft donc qu'un point fans extenfion, ou ce n'eft pas un corps, qui eft effentiellement divifible : mais un point matématique eft inétendu, c'eft une chofe qui n'exifte pas dans la nature ; conféquemment

ment notre ame n'eſt pas un
être matériel.

42. Quand j'entend prononcer ce mot DIEU, je conçois qu'on parle de l'être infini : il ſe trouve préſent un Allemand, qui ne ſait pas le françois ; il ne ſe forme aucune idée du mot qu'il a entendu comme moi. Cette différence ne vient pas de l'organe, car ſon oreille a été frappée du même ſon & de la même matiére que la mienne : Ce n'eſt donc pas du côté du corps qu'on peut trouver cette différence, mais du côté de l'ame. Les paroles ſont des ſignes de convention ; on m'a averti de l'idée qu'on joignit à ce mot, DIEU ; en conféquence quand je l'entend, j'y joins la même idée que celle qu'avoient ceux dont j'ai appris ma langue. On eſt donc convenu

de

de la signification des mots, mais on ne peut faire aucune convention avec ce qui est matériel ; il faut donc rapporter cette convention à un être spirituel ; c'est-à-dire à l'esprit.

43. Si les ames étoient matérielles, il faudroit pour faire concevoir ma pensée à un autre, que la matiére dont mon ame est composée remuât la matiére de l'ame de celui auquel je parle, ou auquel j'écris ; car les corps n'agissent les uns sur les autres que par l'attouchement immédiat. Or il est très-absurde de dire qu'en écrivant à mon ami qui est aux Indes Orientales, mon ame agisse sur la sienne par un contact immédiat ; Que la nouvelle dont je lui fais part soit bonne ou mauvaise, les caractéres sont précisément les mêmes ; qu'on m'explique com-

ment

ment ma lettre produit en lui de la joïe, ou de la tristesse. Celui qui ne voit pas que la matiére n'est pas la véritable cause de cet effet, & qu'il faut pour l'expliquer avoir recours à un être immatériel, est certainement un homme dont l'esprit est bien peu pénétrant.

44. En supposant que notre ame est matérielle, sa nature consistera dans un certain arrangement de plusieurs parties très-subtiles, leur mouvement & leur agitation produira la pensée. Conséquemment la vérité des premiers principes, de ces propositions que nul homme sensé ne contredit, ne subsistera que dans un certain arrangement des parcelles dont l'ame est composée. Qu'il arrive que ces petites parties viennent à se mouvoir dans un sens contraire, il résul-

réfultera que nos notions feront oppofées à celles que nous avions. Les premiers principes feront renverfés. Nous refuferons de croire ce qui nous paroiffoit évident, avant le changement arrivé dans la difpofition des parties. Hier je voyois clairement que le tout étoit plus grand qu'une de fes parties ; aujourd'hui je verrai le contraire, parce que les parties de mon ame auront euës un mouvement oppofé à celui qu'elles avoient le jour précédent. Il n'y aura plus rien de certain chés les hommes ; toutes les connoiffances feront en contradiction: plus de fciences, plus d'axiomes auxquels on ne peut fe refufer. Ces conféquences manifeftement abfurdes, qui naiffent de la matérialité de l'ame, montrent la fauffeté de ce fentiment.

E   *Dieu*

Dieu.

1. LA Philosophie ne s'est pas borné à vouloir perſuader la matérialité de l'ame, elle a porté l'extravagance juſqu'à prétendre dépoüiller Dieu de ſa parfaite ſpiritualité, & le rendre matériel comme le reſte des êtres. Il ne ſera pas difficile de renverſer ce dogme inſenſé, il ſuffira de nous rappeller les connoiſſances que nous avons de cet être infini. Il eſt évident que lors qu'on admet que Dieu eſt une ſubſtance corporelle, il s'en ſuit qu'il eſt compoſé de parties, car tout ce qui eſt corps, a des parties : il s'en ſuit encore qu'il eſt diviſible, parce que tout ce qui a des parties peut être diviſé ; il s'en ſuit enfin qu'il eſt diviſible à l'infini,

ou

pour mieux dire, qu'on ne conçoit point de terme dans la di-
vision qu'on peut faire d'une
matiére quelconque. Quelle
foule de Dieux ne doit-on pas
admettre, dès qu'on suppose
Dieu matériel ? Il faut qu'il
y ait autant de Dieux différens,
qu'il y a de parties distinguées
les unes des autres. Ce seroit
ne pas savoir ce qu'on dit, si on
soûtenoit qu'un tout divin est
composé de parties non divines.

2. Le Matérialiste qui ne conçoit point de substance immatérielle, est contraint de faire un
Dieu corporel. Dieu par son
infinité est présent en tout lieu ;
il faudra donc dire que Dieu est
l'Univers entier. Tout ce qui
existe sera Dieu. Mais c'est là
le pur Spinosisme. Ce n'est pas
ici la place de réfuter Spinosa ;
tant de savans à l'envi ont ruiné

 son

fon fyftéme, qu'il eft détruit
ne s'en jamais relever. La chute
du Spinofifme prouve l'immatérialité de Dieu. Or s'il y a un
feul être purement fpirituel, il
peut y en avoir un million. On
conçoit que le Créateur qui eft
un pur efprit, un efprit infiniment parfait, a pû communiquer
la fpiritualité à quelqu'nes de
fes créatures. Il n'implique donc
point que nos ames foient immatérielles. On fera d'autant
plus porté à le croire, que dans
le plus ancien livre du monde,
dans un livre qu'on a toujours
regardé comme divinement in-
fpiré, Dieu affure qu'il a créé
l'homme à fa reffemblance, ce
qui ne peut s'entendre que de
l'efprit, puis que Dieu eft tota-
lement incorporel.

3. On dit qu'on n'a point d'i-
dée d'un être immatériel; mais
n'en

n'en connoît-on pas plusieurs propriétés, comme la pensée, la liberté, la volonté &c? Connoît-
on mieux l'essence de la matiére
que celle de l'esprit? Cette objection est semblable à celle
d'un aveugle, qui nieroit qu'il
y eut des couleurs, parce qu'il
ne peut se figurer ce que c'est.
Auroit-on raison de nier qu'il y
eut des corps, parce que nous
ignorons si l'étenduë fait leur
essence? Ceux qui admettent
l'éxistence du vuide, soûtien-
nent que l'étenduë lui convient
à aussi juste titre qu'à la matiére. Sait-on ce qui est la cause
de la dureté & de la cohésion
des parties? Conçoit-on mieux
comment le mouvement se communique d'un corps à un autre?
Voilà donc les principaux attributs de la matiére, qui nous
sont inconnus.

E 3   4.

4. Le mouvement nous fournit une preuve, qu'il éxiste une autre subſtance que la matiére ; voici comment. Je vois un corps en repos , & je ſai qu'il ſera éternellement dans cette ſituation, ſi on ne le déplace ; je conçois par-là que le corps n'a pas en ſoi le principe du mouvement, il lui eſt étranger & doit lui venir d'ailleurs : il faut donc convenir que le mouvement imprimé à la matiére lui vient d'un principe qui eſt d'une autre nature. C'eſt donc un principe immatériel.

5. Pour bien concevoir la force de cette preuve, il faut recourir au premier corps qui a été mû : n'ayant pas en ſoi le principe de ſon mouvement, il le tiroit donc d'ailleurs ; ce principe n'a pû être autre choſe qu'un être immatériel, tout-
puiſſant,

puiſſant, qui par ſa volonté a été la cauſe du mouvement impri-mé au corps. Si on diſoit que les corps ont été en mouvement de toute éternité ; outre qu'on l'aſſureroit ſans preuve, il s'en ſuivroit que le mouvement eſt eſſentiel à la matiére, & qu'elle ne pourroit jamais être en re-pos ; ce qui eſt contre l'expé-rience. Le mouvemeht eſt un effet, qui ne peut éxiſter ſans cauſe : mais quelle eſt cette cauſe ? On ne la trouve pas dans la nature du corps : il faut donc que le mouvement vienne d'un principe immatériel. Une ſuc-ceſſion infinie d'êtres dépendans, qui ſe feroient produits les uns les autres dans un progrès à l'infini, ſans une cauſe premiére, eſt une contradiction manifeſte : cette cauſe n'eſt donc autre que Dieu, ſans la volonté duquel le

E 4

mou-

mouvement n'auroit jamais éxilté.

6. On doit être étonné de voir des Philofophes qui ont ofé dire que Dieu étoit matériel : ils n'ont pas fait ufage de leur raifon. Un peu de réflexion leur auroit montré que rien n'eft plus abfurde que la multiplicité dans la nature divine. Dieu ne peut être un, à moins qu'il ne foit un pur efprit ; car s'il étoit matériel, il feroit compofé de parties qui exclueroient l'unité, & par cela même il ne feroit plus Dieu. C'eft donc une contradiction manifefte, que d'admettre un Dieu corporel. Ce même raifonnement prouve l'immatérialité de l'être qui penfe en nous. Chaque homme peut fe convaincre par fon fentiment intime, qu'il n'a qu'une ame ; que ce qui penfe en lui eft un être

être unique. Mais si notre esprit étoit matériel, il seroit composé de parties; il ne seroit plus un être, mais plusieurs : ce qui est contraire à ce que nous sentons en nous-mêmes, quand nous réfléchissons sur notre principe pensant. Ce sentiment si vif & si perpétuel, est une certitude, qui seule détruit tous les sophismes qu'on pourroit faire contre l'immatérialité de l'ame.

7. Il suffit d'ouvrir les yeux pour admirer l'ordre qui régne dans l'univers. Cette seule considération prouve qu'il est l'effet d'une cause toute-puissante & parfaitement intelligente. Mais cette cause doit être distinguée de la matiére, qui ne peut penser ; elle n'est donc pas un être intelligent, ni la cause de l'ordre admirable qu'on apperçoit dans le monde & dans

E 5   toutes

toutes fes parties. Il y a conféquemment une fubftance fpirituelle, à qui il faut attribuer la
production de l'univers ; c'eft
cet efprit infini que nous nom-
mons Dieu, auteur de toutes
chofes. Spinofa erre donc manifeftement, quand il enfeigne
qu'il n'éxifte qu'une feule fubftance, dont tous les êtres que
nous connoiffons ne font que
des modifications ; il erre, dis-
je, en voulant fubftituer l'univers à la place de fon Créateur.

8. Le mouvement de la ma-
tiére, montre une caufe différente de cette même matiére.
Si vous dites que le mouvement lui eft effentiel : on faifit
aifément la fauffeté de cette opinion, parce qu'on peut concevoir la matiére fans mouvement ;
il n'eft donc pas de fon effence.
Il y a plus ; c'eft que quand
nous

nous voyons un corps en mouvement, nous ne manquons pas d'en chercher la cause hors de ce même corps. Que je voie au contraire un corps en repos, je ne suis point tenté d'en chercher la raison, parce que je conçois qu'un corps est naturellement en repos, à moins qu'une cause étrangére ne le tire de cet état. Cette façon de penser vient du fond de la nature.

9. Tout effet a une cause; on ne peut raisonnablement assigner la cause du mouvement, qu'en la plaçant dans la volonté de l'être tout-puissant. Tout prouve l'éxistence d'un être intelligent distingué de la matiére; ce n'étoit pas assés de la mettre en mouvement, il falloit y mettre de l'ordre & de l'arrangement, pour faire le monde tel qu'il est. Rien n'est plus ridicule

cule d'imaginer avec Epicure que pour cela il ne falloit que le concours fortuit des atomes. La penfée de Descartes n'étoit pas plus raifonnable, quand il prétendoit que de la matiére mife en mouvement, il en réfulteroit un monde femblable à celui qui éxifte. L'ordre ne peut être l'effet du hazard, qui n'eft rien de réel. C'eft un mot vuide de fens, qui ne doit fa naiffance qu'à notre ignorance. L'être fupréme a mis des bornes à nos connoiffances, nous en ayant néanmoins accordé autant qu'il eft néceffaire, pour la condition où il nous a placés. Dieu en faifant l'homme n'a pas voulu en faire un ange.

10. Sans la connoiffance d'un premier être, on ne peut favoir ce que c'eft que notre ame. Le monde eft une chofe où on ne con-

connoîtra jamais rien, amoins d'être affuré de deux vérités : il a fallu néceffairement un être qui agît, & un autre qui reçût l'action : ce qui nous montre deux natures diverfes. Ces deux êtres font l'efprit & la matiére. Si vous prétendés que la matiére eut éxifté feule, pour s'arranger dans l'ordre où nous la voyons ; il auroit fallu qu'elle agiffe fur elle-même, pour s'imprimer le mouvement qui a caufé l'arrangement de fes parties. Mais nous n'avons aucun éxemple qu'une matiére en repos fe foit donné du mouvement. Quand on confidére la nature de la matiére, on ne voit qu'un être indifférent à recevoir toute impreffion quelconque. Le mouvement eft accidentel à la matiére ; n'ayant pû fe le donner, elle a dû le recevoir d'une fubftance active,

car

car la matiére eſt purement paſſive. Or cette ſubſtance active,
qui a mis l'ordre dans la matiére en lui imprimant le mouvement, eſt la cauſe premiére
de toutes choſes ; c'eſt Dieu,
c'eſt un eſprit, entiérement différent de la matiére. Cet eſprit
infini a pû créer des ſubſtances
ſpirituelles : il a pû produire des
êtres actifs, auxquels il a donné
le pouvoir d'agir ſur une portion
de matiére, telle que le corps
humain ; ainſi que Dieu a dé-
ployé ſon action ſur toute la
matiére, dont il a formé l'univers. L'ame par ſon activité
eſt l'image de l'eſprit infiniment
actif, comme notre corps privé
d'action par lui-même, eſt l'i-
mage de toute la matiére qui
n'a aucune activité, mais ſeulement la capacité d'être muë.

11. Quelques perſonnes ont
pré-

prétendu qu'il n'impliquoit point que la matiére fut éternelle. Si cela étoit, elle éxifteroit par foi-même, elle feroit indépendante, elle fe connoîtroit, elle auroit de l'activité. Mais on voit au contraire qu'elle eft dépendante des mouvemens qu'on lui donne; on la change comme on veut; d'un cube on en forme un autre folide. Rien ne conduit à foupçonner que la matiére fe connoiffe; c'eft une affertion futile & fans aucun fondement. Le mouvement lui eft accidentel, puis qu'on la conçoit fans lui, & que nos fens nous apprennent qu'il y a de la matiére en repos. Son éternité étant impoffible, il faut donc reconnoître un être fouverainement puiffant qui l'a créée, & qui lui a donné l'arrangement admirable qu'on apperçoit. Mais ce Créateur pour

avoir

avoir diſpoſé la matiére avec tant d'intelligence doit néceſſairement en avoir été infiniment doüé. Mon eſprit ne s'eſt pas fait lui-même, il doit avoir un auteur plus parfait que lui; or je connois, je me propoſe des fins, je ſens mon activité, &c. Donc le Créateur poſſéde toutes ces qualités dans un degré éminent. Puis qu'il eſt abſurde d'accorder l'éternité à la matiére, il faut donc l'attribuer à un être différent d'elle, & ce ne peut être que l'eſprit infini. On ne peut ſe diſpenſer de reconnoître un premier principe immatériel, ſi on raiſonne juſte; l'exiſtence de ce principe m'aſſure qu'il a pû dónner l'être à des ſubſtances immatérielles; mais où en trouvera-t-on, excepté les eſprits, auxquelles cette propriété puiſſe convenir? J'ai donc

donc lieu d'être affuré que mon ame n'a rien de matériel en foi, & qu'il eft abfurde d'attribuer la penfée à la matiére.

12. Mais, dira quelqu'un, pourquoi un Dieu toutpuiffant ne peut-il pas donner à la matiére la faculté de penfer, ainfi qu'il l'a donnée à la fubftance fpirituelle? La matiére ne penfe pas effentiellement; il faut donc que la penfée lui foit accidentelle & qu'elle lui foit ajoûtée: mais tout ce qui penfe eft efprit, & ne peut point être matériel. Si on pouvoit dire que la matiére penfât, ce ne pourroit être que par l'addition d'un efprit qu'on lui joindroit; & alors la matiére ne penferoit point, mais l'efprit auquel elle feroit jointe: elle refteroit toujours ce qu'elle eft par fa nature, c'eft-à-dire un être purement paffif, fans

F

fenti-

sentiment & sans connoissance.
Dieu est sans doute toutpuissant;
mais il est infiniment sage, &
ne peut faire ce qui répugne à
sa sagesse. S'il étoit possible que
la matiére pensât, il le seroit
aussi que l'esprit fut étendu, eut
des parties : il seroit possible
qu'une pierre pensât, & qu'un
esprit soit une pierre : ce qui
est contre l'essence de ces deux
êtres. La toutepuissance de
Dieu ne reçoit aucune atteinte,
de ce qu'il ne peut pas faire ce
qui blesseroit sa sagesse. Dieu
a créé deux substances très-di-
stinguées, l'esprit & le corps,
qui ont leurs propriétés essentiellement opposées : Quelle sagesse y auroit - il à changer
l'essence de ces substances, si
la chose étoit possible ? Pourquoi
d'un esprit en faire une masse de
plomb, & d'une masse de plomb
en

en faire un esprit ? Une pareille opération seroit indigne de la sagesse divine.

13. On ne comprend pas ce qu'on dit, quand on veut que Dieu puisse rendre la matiére pensante : il faudroit pour cela qu'il lui ajoutât un être qui contint la pensée. Alors la matiére ne seroit pas un être pensant, elle seroit seulement jointe à un être qui pense, ainsi que cela se trouve dans l'homme, où le corps ne pense pas, mais l'esprit qui lui est joint. Qu'on ne dise pas que cette addition seroit une pure qualité, car on ne peut faire passer un mode d'un sujet dans un autre. Il est donc impossible que la matiére devienne pensante, quelque supposition qu'on fasse. Or on peut dire hardiment que Dieu ne peut faire ce qui est impos-

F 2 fible.

fible. Ce n'eſt pas offenſer ſa toutepuiſſance que d'aſſurer qu'elle ne peut faire une montagne ſans vallée, ce qui n'implique pas moins qu'un corps penſant.

14. J'ai ſouvent été ſurpris de la nouvelle maniére de raiſonner qu'ont adoptée nos philoſophes modèrnes : ils prétendent tout expliquer dans la nature, par le pur méchaniſme. Je prétens au contraire qu'on ne peut rien comprendre aux phénoménes, ni à l'ordre admirable qu'on voit dans l'univers, amoins de ſuppoſer l'éxiſtence d'un être ſouverainement parfait. Sans lui, vous êtes contraint de recourir au hazard ou à une néceſſité aveugle, qui font des êtres chymériques. Tout indique une intelligence infinie, qui s'eſt propoſé une

fin

fin dans son ouvrage, qui brille par tout. Cette intelligence agit avec intention ; elle est donc libre : tout ce qui éxiste n'est tel que par la volonté de Dieu. Qu'on ne dise donc plus que les essences sont nécessaires. L'essence d'un être est d'être ce qu'il est ; & il n'est tel, que parceque Dieu l'a voulu. Otés la volonté du toutpuissant rien n'éxiste, rien n'éxistera. Rien n'est plus certain qu'il y a une cause intelligente, puisqu'elle a produit des êtres intelligens. D'où tirons - nous notre intelligence, si non d'une cause doüée d'une intelligence infinie ? Un effet a-t-il des perfections qui ne sont pas dans sa cause ? Celui qui a fait l'œil, ne voit-il pas ? Nôtre liberté ne nous permet pas de douter que notre Créateur ne soit libre. Consé-

quem-

quemment tout ce qui arrive dans l'univers est subordonné à la cause premiére, sans laquelle on ne peut expliquer l'ordre merveilleux qu'on y découvre. C'est donc un délire de prétendre que la matiére seule est la cause de tout, puis qu'elle seroit dans le néant, si Dieu ne l'en avoit tirée. Donc tenter d'expliquer les phénoménes de la nature par les principes des matérialistes, c'est se servir de mots inintelligibles, qui ne forment aucune idée dans l'esprit.

15. J'ai des pensées, des volontés, des sensations; d'où me viennent ces propriétés sinon de l'auteur de mon être ? Mais cette cause ne peut être matérielle, puis que les corps ne sentent ni ne connoissent. La cause de nos sensations & de

nos

nos connoiſſances eſt donc un être ſimple, qui agit ſur nous par ſa volonté toutepuiſſante, & qui réaliſe tout ce qu'il veut.

16. Notre ame ſe connoît elle-même ſans rapport à la matiére; elle connoît le corps & n'en eſt pas connuë. Elle lui eſt donc ſupérieure. Elle éxerce ſur lui ſon empire, en lui donnant le mouvement, en conſéquence des ordres de ſa volonté. Cet être ſimple, a le ſentiment de ſa propre éxiſtence. Mais d'où vient-il? Il n'éxiſte pas par ſoi-même. Doit-il donc ſon origine à la matiére? Mais comment produiroit-elle un effet qui n'a rien de commun avec elle, & qui lui eſt ſi ſupérieur? Un être penſant ne peut avoir pour prin-cipe qu'un être penſant. Cet être producteur, qui eſt ſimple, ne peut rien détacher de lui-même.

même. Il n'a donc produit un être penfant qu'en le faifant paffer du non-être à l'être. Or pour opérer ainfi il faut une puiffance infinie, & conféquemment il y a dans la nature un être infiniment puiffant, auteur de tout ce qui à l'éxiftence. La connoiffance de notre ame nous conduit naturellement à celle de l'être toutpuiffant, & infiniment parfait.

17. Comment a-t-on pû imaginer que l'être néceffaire étoit étendu & penfant ? Il faudroit pour cela accorder la penfée au plus petit atome ; car un être penfant ne peut être compofé d'êtres non - penfans. Si vous dites qu'il n'y a que certaines parties qui penfent, je demandrai quelles font celles qui ont cette qualité par préférence. Ce feront fans doute, les plus
fines,

fines, les plus petites. Alors l'air, le feu, feront des êtres penfans. Mais toute la maffe n'eft qu'un affemblage d'une multitude de parcelles imperceptibles, qui ne deviénent fenfibles que par leur union. Un bloc de marbre penfera comme la matiére la plus déliée. Toute matiére fera donc penfante, ce qui eft abfurde. Si l'être néceffaire eft matériel, il faut que vous conveniés qu'il eft un être penfant : car vous ne pouvés accorder la penfée aux parties, & la refufer au tout qu'elles compofent. Or l'être néceffaire, l'être par foi, ne peut être matiére, parce qu'il ne peut être limité, ainfi que l'eft tout corps; il ne peut donc être qu'un efprit, qui par fa nature, n'eft point limité, & qui eft compatible avec toutes les plus grandes perfections. F 5 18. Ce

18. Ce ne peut être qu'un préjugé bien mal-fondé, qui **a** pû faire croire à quelques perſonnes que la matiére très-ſubtile avoit plus de diſpoſition pour penſer, que la plus-groſſiére. Figurés-vous un cerveau plein d'atomes extrémement fins ; mettés-les en mouvement. Qu'en réſultera-t-il ? Vous **en** verrés qui deſcendent , qui montent, qui ſe choquent, qui ſe briſent, mais dans tout cela découvrés - vous l'ombre d'une penſée ? Une idée eſt bien ſupérieure à toutes les diviſions. L'effet ne peut être plus que la cauſe ; & conſéquemment la penſée ne ſera jamais produite par le mouvement d'une matiére quelconque. De toute la matiére ſenſible il n'en eſt aucune qui ſe diviſe plus finement que la poudre à tirer, quand elle eſt

em-

embraſée ; a-t-on jamais cru qu'une mine chargée, qui ne penſoit pas, devenoit penſante après qu'on y avoit mis le feu, & que les parties de la poudre étoient devenuës extraordinairement ſubtiles ?

19. Notre ame penſe ; nous ne lui connoiſſons point d'étenduë, ni de diviſibilité. Le corps au contraire renferme ces attributs. Ce ſont deux êtres qui nous ſont connus ſous deux notions oppoſées; comment a-t-on pû les confondre ? Ils ſont unis à la vérité ; mais eſt-ce une union volontaire ? Ne doit-on pas au contraire reconnoître que cette union n'eſt que l'effet d'un être ſupérieur, qu'elle n'éxiſte que parce que Dieu l'a voulu ainſi ? En effet quelle autre puiſſance auroit pu être la cauſe d'une aſſociation auſſi ſurprenante,

que

que celle de deux subſtances qui n'ont rien de commun? On ne peut pas dire que cette union eſt néceſſaire, puisqu'elle ceſſe à la mort. Ce qui doit le plus étonner c'eſt l'empire de l'eſprit ſur le corps. Vous voulés qu'il ſe meuve, à l'inſtant il obéit, s'il eſt dans ſon état naturel. L'étonnement s'augmente, ſi l'on fait attention que l'ame ne connoît pas les reſſorts qu'il faut faire joüer pour marcher, pour étendre le bras. Ceci démontre à tout homme qui ſait penſer, l'éxiſtence d'un être infiniment intelligent, qui a créé le corps & l'ame, ſelon les loix qu'il a voulu leur impoſer. L'ame ne tire pas d'elle-même le pouvoir de remuer ſon corps, puis qu'elle ne peut mouvoir par ſa volonté ceux qui l'environnent. En effet

qu'elle

qu'elle ordonne qu'un fêtu change de place, ce fera vainement. Il y a plufieurs mouvemens de fon propre corps qui font indépendans de fes ordres. Elle ne peut rien fur les mouvemens du cœur, des poûmons, ni d'autres parties intérieures. Le corps transmet à l'ame des fenfations agréables ou fâcheufes, malgré elle. Il ne dépend pas de nous de n'être pas affectés par une bonne ou mauvaife odeur, & ainfi des autres fens. Les objets n'ont rien en eux qui reffemblent à nos fenfations; c'eft donc à une caufe fupérieure qu'il faut les attribuer. Si l'ame étoit maîtreffe de fes fenfations, elle n'en auroit que d'agréables; elles viennent donc d'un autre principe. Mais quel fera-t-il finon celui qui peut tout; Dieu en un mot?

mot ? Il est donc vrai qu'une considération sérieuse de l'ame & du corps, nous conduit directement au premier principe de toutes choses.

20. Mais dira-t-on, Dieu remplit tous les espaces de l'univers ; comment cela se peut-il s'il n'est pas étendu ? L'infini indivisible ne peut être ni comparé, ni mesuré. Il est immense, mais aussi il est esprit, & n'est dans aucun lieu à la maniére des corps, qui remplissent les espaces qu'ils occupent. L'être par soi est souverainement intelligent : mais l'intelligence ne peut être une même chose avec l'étenduë, ou si l'on veut, avec la matiére. Ce n'est point parler dignement de Dieu, que de dire qu'il remplit l'univers, amoins qu'on n'entende par là, qu'il opére sur tout ce qui éxiste.

21.

21. Quand on accorde que l'ame eſt matérielle, il eſt conſéquent de penſer que Dieu l'eſt auſſi ; car s'il implique contradiction qu'il éxiſte des êtres immatériels, Dieu ne le peut être ; conſéquemment étant infini & préſent par tout, il faut dire que tout eſt plein de matiére, & qu'elle eſt · infinie actuellement. De grands philoſophes penſent avoir démontré l'éxiſtence du vuide, tel eſt Newton & tant d'autres, ſelon leſquels le mouvement eſt impoſſible, dans l'hypothéſe du plein. Leibnitz dans ſon ſyſtême des monades, ſemble dire que les corps n'ont aucune étenduë réelle, & que ce qui paroît étendu n'eſt qu'une apparence, cauſée par des êtres non-étendus, qu'il nomme monades, ou êtres ſimples. Ceux

qui

qui prétendent que tout est matiére, se trouvent donc en contradiction avec des génies du premier ordre. Cuentz n'a pas connu cette difficulté, qui renverse tous ses raisonnemens. Sa principale raison consiste à dire qu'on ne conçoit rien, si on ne conçoit un être étendu, matériel. Mais les Gassendistes, les Newtoniens, & avant ceux-ci les disciples d'Epicure, lui soûtiendront qu'ils conçoivent très-clairement le vuide, ou l'étenduë destituée de matiére. Les partisans des monades assureront que l'étenduë réelle est une chymére, plus absurde que les qualités occultes des Péripatéticiens. Voïés FORMEY, Recherche sur les élémens de la matiére. p. 261.

22. Il est facile de montrer que l'être suprème ne peut être
ma-

matériel ; conféquemment c'eft un efprit : or qui empêche qu'il ne crée un être dégagé de toute matiére ? Il paroît au contraire bien plus naturel qu'un efprit en produife un autre, que de produire un corps. Rien n'eft plus évident que la pure fpiritualité de Dieu. C'eft un être infini ; il feroit donc un corps infini s'il étoit matériel ; mais un corps infini exclut tout autre corps ; donc tout ce qui éxifte feroit Dieu, ce qui eft le pur Spinofifme. Ce fyftême abfurde a été folidement réfuté. On devient difciple de Spinofa en foûtenant la matérialité de Dieu & de l'ame, qui eft une fuite de cette opinion.

23. Ce n'eft pas une expreffion outrée, que de traiter d'abfurde le fiftême de Spinofa. Selon lui, Dieu eft tout l'uni-

vers,

vers, dont les modifications font l'étenduë & la pensée. Si cela étoit vrai, il faudroit avoüer que Dieu est en même tems heureux & misérable. Qu'un homme souffre de grandes douleurs, comme il fait partie de la Divinité, elle devient souffrante dans cet homme tourmenté de la goutte. Il y a des scélérats, des blasphémateurs, ainsi qu'il y a des gens de bien ; Dieu d'une part sera scélérat, blasphémateur, & de l'autre vertueux. Que voit-on dans un assassin ? Une partie de Dieu qui en égorge une autre. Quelle monstrueuse contradiction ! Peut-on allier un pareil sentiment avec l'idée de Dieu, telle qu'elle se trouve chès tous les hommes ? On pourroit accumuler cent autres paradoxes aussi révoltans, qui sont des

suites

fuites naturelles du Spinofifme ; ce qu'on vient de dire en deux mots, fuffit pour prouver que ce fiftême eft un tiffu d'impiétés & d'abfurdités groffiéres. *

24. Je connois Dieu, en réfléchiffant fur ce que je fuis ; je fens mon être avec fes modifications comme des effets. Je ne puis ignorer la préfence d'un être qui m'a donné l'éxiftence & les différentes modifications. Pour peu que je fois attentif, puis-je croire que je donne le mouvement à mon fang, que je fais tout ce qui eft néceffaire pour remüer mon bras ou ma main ? eft-ce moi qui me donne un efprit pénétrant, une mémoire heureufe, une bonne fanté, un corps robufte, &c ? Il faut s'aveugler volontairement pour ne pas voir que je tiens

G 2

tout

———

* Voïés dans Bayle l'article de Spinofa.

tout cela d'une puiffance étrangére, dont le pouvoir eft fans
bornes. Qu'on ne dife pas que
ce font de dons de la nature;
car fi par-là on n'entend pas
Dieu, c'eft une expreffion qui
manque de fens, & qui ne
fignifie rien.

25. Il eft certain que j'ai l'i-
dée de bien des chofes poffibles:
mais qu'eft-ce qu'un être poffible, confidéré fans faire attention à une puiffance qui le tire
du néant? C'eft un rien. Une
montre eft poffible, mais s'il
n'y avoit point d'horloger, il
feroit impoffible d'avoir une
montre. Je conçois qu'une
terre comme la nôtre eft poffible, mais cela eft relatif à une
volonté fouverainement efficace,
à une activité fuprême. Voilà
la notion de Dieu liée étroitement avec les poffibles. Je me

fens capable à l'infini de bonheur & de félicité. Ce n'eſt
pas moi qui peut me donner
cet état heureux. Le bien-être,
qui m'eſt contingent, eſt donc
l'effet d'une cauſe libre, entiérement différente de moi: mais
quelle eſt-elle ? Sinon celle à
qui je dois l'être , & qui ſeule
peut me modifier comme il lui
plait. C'eſt ainſi que je connois
la cauſe toute-puiſſante, & que
mon ame ſent ſa préſence.

26. L'ignorance où mon ame
ſe trouve des nerfs & des muſ-
cles, qu'il faut faire agir pour
étendre ou racourcir mon bras,
eſt une preuve que ce n'eſt pas
mon ame qui cauſe ce mouvement. Quelle eſt donc cette
cauſe immédiate du mouve-
ment, que je ne puis attribuer
ni à mon ame ni à mon corps?
On ne peut la trouver que dans

la

la volonté efficace de l'être tout-puiffant , qui en conféquence de mes defirs, fait mouvoir mon corps felon les loix qu'il a préfcrites. Mon bras foulevra un poids de 100. liv. & ne le pourra point fi le fardeau péfe 1000. liv. C'eft que le Créateur n'a pas voulu que nos forces puiffent aller au delà de certaines bornes. Si on n'a recours à cette caufe premiére, on ne fait plus ce qu'on dit, en voulant expliquer le mouvement d'une autre façon. Mon bras jette une boule, celle-ci en rencontre une autre, qu'elle met en mouvement. Croira-t-on qu'il fort quelque chofe de mon bras pour paffer dans la boule, que je tenois dans ma main ; ou penfera-t-on que de cette boule il fe faffe une émanation, qui paffant dans l'autre, la mette en mouvement ?
Ce

Ce seroit dire des chofes dont on n'a nulle idée, que de l'affurer. On eft donc forcé de recourir à Dieu, pour trouver la caufe immédiate du mouvement: toutes les autres que nous regardons comme telles, ne font que des caufes occafionelles.

De notre corps & de la matiére.

1. LA confidération de la matiére ou du corps fervira beaucoup à nous faire mieux connoître combien fa nature eft différente de celle de l'ame, & combien il eft impoffible que la matiére puiffe avoir les propriétés de l'efprit. J'ai la perception habituelle de l'éxiftence numérique d'un corps qui m'eft

G 4 propre.

propre. Ce corps m'eſt toujours préſent ; je le diſtingue de tout autre ; il fait partie de mon être ; ce corps entre dans ce que j'appelle moi. Par cette idée je me juge le même corps, à la vérité bien augmenté, de ce qu'il étoit à cinq ans, le même aujourd'hui qu'hier. Dans les ténébres, que je veuille prendre un tel doigt de ma main, je ne m'y trompe jamais, & ainſi des autres parties de mon corps. Je veux chercher ſur ma table le flambeau que je viens d'é- teindre, je ne le ſaiſis qu'en tâtonnant. Différence marquée de mon corps à tout autre, qui vient du ſens intime de la coéxiſtence de mon corps avec tous les autres, qui ne me ſont point unis intimement. Les ſenſations de douleur & de plaiſir appliquent notre ame à

la

la partie qui en est affectée, &
qui nous la font distinguer de
toute autre. Par les yeux nous
n'apercevons que la superficie
de notre corps, mais le sens
de la coéxistence de l'ame au
corps, nous en fait sentir la
solidité & le pénétre tout entier.
L'ame sent, pour ainsi dire,
d'un seul coup d'œil, de la douleur au pied que la goutte af-
flige, une douce chaleur aux
mains, & elle trouve sa tête
saine. La facilité avec laquelle
mon corps se remuë quand je
le veux, me prouve qu'il est à
moi, d'une façon bien distinguée
de tous les autres. Il faut convenir que le sens de la coéxistence de notre corps est obscur,
puis qu'il nous fait juger que
nous avons le même corps in-
dividuel dans tous les âges. Il
ne nous fait pas connoître la gros-

G 5   seur

ſeur de notre corps, ni combien il diminuë.

2. Il eſt très - vraiſemblable qu'il ne reſte dans notre corps aucune partie de celles qui le compoſoient dans ſa jeuneſſe ; ce corps s'eſt renouvellé. On a calculé combien la tranſpiration faiſoit perdre chaque jour de notre ſubſtance, & par ce moyen il eſt facile de connoître à peu-près, combien de fois le corps humain s'eſt renouvellé. La nourriture qui ſert à réparer ces pertes, eſt une nouvelle ſubſtance qui a remplacé celle qui s'eſt diſſipée. Suppoſons que notre ame ſoit corporelle, elle ſera ſujette à perdre chaque jour de ſa ſubſtance, qui ſera réparée par les parties les plus ſubtiles du ſang ; alors on pourra dire qu'elle a été renouvellée

cinq

cinq ou six fois à l'âge de 50. ans, comme il est probable que notre corps l'a été autant de fois quand il est parvenu à ce terme. Mais dans le fait, je suis le même être que j'étois dans ma jeunesse ; la mémoire me répréfente des faits qui se font passés sous mes yeux à l'âge de cinq ans. Les connoiffances que j'ai aquifes depuis 15. ans jusqu'à 20. me font encore préfentes à l'esprit. Mon ame n'a donc pas changé, c'est la même perfévéramment, ce qui ne feroit pas fi elle étoit matérielle.

3. Nous fentons dans notre corps un nombre indéfini de parties. Le méchanifme interieur de notre corps, le phifique des fenfations, le jeu de la machine, la circulation du fang,

la

la digeſtion, &c. rien de tout
cela ne nous eſt connu par le
ſens de la coéxiſtence de notre
corps. L'intelligence, l'imagination, la mémoire, la liberté,
le bien-être, dépendent de la
machine de mon corps, qui
m'eſt ſi peu connu. Le cerveau
eſt-il dérangé ; plus de raiſonnement, plus de liberté. La
fiévre nous met hors d'état de
nous appliquer. Un viſcére pi-
coté d'une humeur acre, cauſe
une violente colique. L'excés
du vin ſuſpend l'éxercice de la
raiſon & de la liberté pour un
tems ; certains breuvages la
font perdre ſans retour. Quelle
place tient dans le cerveau la
mémoire, qui renferme tant de
choſes, qui ſe préſentent quand
nous voulons ? Nous ignorons
tout le phiſique de notre machine.

4. Nous rapportons à la tête nos penſées, nos jugemens, nos imaginations, nos ſouvenirs, comme nous mettons la douleur dans tel membre. Notre corps dépend de la ſituation préſente de l'eſprit. Le chagrin nous fait dépérir ; il peut être ſi vif, qu'il cauſe la mort. La joie contribuë beaucoup à la ſanté ; ſi elle devient exceſſive, elle peut être mortelle. Tout cela ſe fait involontairement. Il eſt d'autres mouvemens du corps qui dépendent de notre volonté : tel eſt l'uſage que nous faiſons de nos bras, de notre langue, &c. mais il faut obſerver que nous ignorons naturellement l'art de diriger les parties de notre corps. Un payſan meut ſes membres, avec autant de facilité que le Phiſicien le plus verſé dans la connoiſſance du

corps

corps humain. Qui connoît ce
qui se passe dans son cerveau,
quand il écrit ? Comment s'ar-
rangent les idées, que faut-il
faire pour remüer les doigts ?

5. Je jouë du violon; je vois
un homme qui jouë bien plus
légerement que moi, je voudrois imiter la vitesse de ses
doigts, & je ne le puis. Le
corps n'obéït donc aux ordres
de l'ame qu'avec certaines re-
strictions ; il ne fait pas tout ce
qu'elle veut. Dans une certaine sphére il ne refuse rien,
comme de mouvoir le bras &
la jambe, supposé que la machine n'ait point d'empêchement
extraordinaire. Je voudrois
être gai, je voudrois me ressouvenir d'un tel mot, mais
mon ame ne remplit pas mes
desirs. Si l'ame étoit matérielle,
d'où

d'où vient qu'elle ne fe prêteroit pas à mes defirs, comme mon corps lui obéït ?

6. Il eft bien difficile de favoir fur quel fondement on a pû s'appuier pour dire que la matiére pouvoit penfer. Ce n'eft pas fur les idées que l'être matériel nous offre. Quand je confidére les propriétés du corps, je n'y trouve aucune activité ; ce qui eft conforme à une expérience qui n'a jamais été démentie par aucun fait. Le corps me fait appercevoir de l'étenduë, de la péfanteur, que Newton à nommée force d'inertie, qui n'eft qu'une négation d'activité. Mais s'il y avoit un être qui pourroit agir par lui-même, & donner à la matiére des mouvemens contraires à fa nature, comme de l'élever en haut,

de

de la foûtenir en l'air, malgré son poids qui l'attire en bas; n'eft-il pas évident qu'un tel être auroit des propriétés que la matiére n'auroit pas, & même des propriétés contradictoires; d'où il réfulteroit que cet être feroit néceffairement d'une fub-ftance toute différente que celle du corps? Que faut-il de plus pour nous porter à croire que l'homme eft un compofé de deux parties, d'une ame qui n'eft point matiére, & d'un corps qui n'eft que matiére. Je veux marcher, je marche; je veux être dans l'inaction, j'y fuis. Si moi qui veux, & qui fuis ainfi obéï, n'étoit que matiére, je ne différerois pas de mon corps; matiére comme lui, je n'aurois ni fenfibilité, ni vo-lonté, & par conféquent nulle activité, par conféquent nul pou-

pouvoir d'agir en moi-même, comme je fais lorſque je réfléchis, ni de mettre quelque choſe en mouvement.

7. Locke n'a ſurement pas médité avec attention, quand il a cru la matiére capable d'être revêtuë de la faculté de penſer. * Ce philoſophe reconnoît que la ſolidité eſt une idée inſéparable de celle du corps. Peut - on penſer que la ſolidité, l'impéné-trabilité, la dureté, ne ſoient pas contradictoires à la ſenſibilité, à la réfléxion, à l'activité? Eſt-il poſſible qu'un être parfaite-ment ſolide puiſſe être ſenſible, puiſſe penſer, puiſſe agir en ſoi-même, & par un acte de vo-lonté, mettre en mouvement des corps de même nature que lui, & que leur péſanteur tenoit

H　　　au-

____

* Liv. 2. ch. XIII.

auparavant immobiles. Il eſt évident que ce qui eſt eſſentielle- ment ſolide, eſt incapable d'a- gir par ſoi - même. La chute des corps ne vient que de l'in- capacité de pouvoir agir. Ce n'eſt pas une action, c'eſt un mouvement néceſſité , tant qu'une force ſupérieure ne s'y oppoſe pas ; c'eſt un effet né- ceſſaire de la ſolidité, par l'im- puiſſance de faire autrement. Or puiſque c'eſt un effet né- ceſſaire & néceſſité, il eſt donc contradictoire que le pouvoir d'agir autrement ſe trouve dans un être ſolide ; & comme Dieu ne peut agir que conformément à la nature des choſes, on peut dire , qu'il ne peut non plus faire penſer un être dont la propriété eſſentielle eſt la ſo- lidité, que de faire une mon- tagne ſans vallée : en quoi on ne

ne bleſſe nullement ſa toute-
puiſſance.

8. On auroit bien fait de ne
pas relever, le doute de Locke,
parce qu'il n'eſt pas fondé.
Pour être aſſuré que la penſée
ne peut être une modification
de la matiére, il n'eſt pas néceſſaire de connoître toutes ſes
propriétés : il ſuffit de ſavoir
que toutes les propriétés quelconques de la matiére, ſont
matérielles, & qu'on ſoit aſſuré
que la penſée n'eſt pas matérielle. Or je ſuis ſûr que les
modifications de la matiére,
connuës & inconnuës, ſont matérielles. C'eſt un principe
certain que tout ce qui convient
eſſentiellement à une ſubſtance,
convient à la modification de
cette ſubſtance, car la modification d'une ſubſtance, eſt la

                    ſub-

ſubſtance même modifiée : la rondeur de la boule eſt la boule ronde. Je ne ſuis pas moins aſſuré que la penſée n'eſt pas matérielle ; car qu'elle figure à l'ordre , l'affirmation &c. En combien de parties peut-on les diviſer ? Ont-elles vingt ou trente dégrés de vélocité ?

9. Au reſte Locke eſt mauvais philoſophe , en confondant toujours la ſenſation avec l'idée. La ſenſation m'inſtruit , & ne m'éclaire pas ; l'idée a le privilége de m'inſtruire & de m'éclairer. La ſenſation de la chaleur , par éxemple , m'avertit de ſa préſence , mais n'éclaire pas mon eſprit. L'idée du cercle répand la lumiére dans mon eſprit, je puis le définir , & en aſſigner les propriétés. Mais puis-je définir la ſenſation de cha-

chaleur, de rouge, de jeaune, &c. c'eſt donc une erreur groſſiére de ne pas diſtinguer les idées claires & lumineuſes, des ſenſations confuſes & obſcures. Ce n'eſt pas une moindre erreur que de ſuppoſer l'ame ſans avoir aucune penſée. La vie de l'eſprit conſiſte à ſentir & à penſer. Un eſprit ſans ſentiment & ſans connoiſſance, eſt auſſi inconcevable qu'un corps ſans figure.

10. Ce n'eſt pas notre corps qui voit la lumiére, qui entend les ſons, &c. c'eſt notre ame. Ce qui ſe paſſe dans les organes de nos ſens, ſe réduit au mouvement : or le ſentiment de la lumiére, des ſons, du plaiſir, &c. n'eſt pas un mouvement, c'eſt quelque choſe de ſpirituel, qui ne peut convenir qu'à un

H 3

être

être spirituel. Le mouvement de nos organes est l'occasion de ces sentimens ; parce que l'auteur de la nature le veut. La liaison entre nos organes & nos sentimens, est purement arbitraire de sa part. Il pouvoit établir d'autres causes occasionelles ; & conséquemment nous pouvions être affectés d'autres sentimens, que ceux que nous éprouvons.

11. Locke que bien des gens regardent comme un des principaux auteurs de la matérialité de l'ame, est néanmoins fort éloigné de ce sentiment, car il a dit expressément : il n'y a pas de moyen de concevoir comment la matiére peut penser. Et encore : La matiére qu'on la suppose mobile ou immobile, ne peut être conçuë renfermer ori-
gi-

ginellement en elle, le fentiment, la perception, la connoiffance. Un mot hazardé de ce
philofophe a donné lieu à embraffer le fyftéme du matérialifme. Voici ce qu'il dit : Il
eft impoffible de prouver par la
contemplation de nos propres
idées, fans la révélation, fi Dieu
ne peut point donner à quelque
amas de matiére difpofé comme
il le trouve à propos, la puiffance
d'appercevoir & de penfer. Cela
n'eft point impoffible, s'il eft
vrai qu'il n'implique point qu'une
molécule de matiére foit un *moi*,
foit un individu penfant. Dieu
peut tout ce qui n'implique
point ; mais ce n'eft pas attaquer fa toutepuiffance que d'affurer qu'elle ne peut produire un
cercle quarré. Je dis donc hardiment que Dieu ne peut point
donner à quelque amas de ma-

H 4

tiére

tiére la puiffance de penfer, parceque c'eft une contradiction dans les termes; de même que fi on difoit qu'un cercle peut être quarré. C'eft ce qu'il faut montrer. Tout amas de matiére peut être divifé, fes parties peuvent être arrangées diverfement, former différentes figures extérieurement. Mais en confultant cette idée, on apperçoit clairement qu'une fenfation, qu'une penfée, qu'une perception, ne peut être le réfultat d'aucun arrangement poffible: & par conféquent aucun amas de matiére n'eft fufceptible ni de penfée, ni de fentiment. Il n'eft pas néceffaire de recourrir à la révélation pour connoître cette vérité.

12. On ne peut contefter que la divifibilité de la matiére ne puiffe

puisſe être pouſſée ſi loin, que nous ne pouvons y appercevoir de bornes ; & rien n'empêche que Dieu ne puiſſe diviſer une portion de matiére, & de pouſſer cette diviſion juſqu'au dernier terme où elle peut aller. Ainſi dans un amas de matiére qu'on ſuppoſeroit doüé de penſée, Dieu par la diviſion des parties, pourroit retrancher la moitié, les trois quarts de cet être penſant. Mais ne voit-on pas qu'il eſt abſurde de dire la moitié, le quart d'une penſée, qui étoit dans le tout; notre ſens intime nous dit vivement que ce qui penſe en nous eſt indiviſible ; ce ne peut être un amas de matiére. D'un amas de matiere, ou d'un corps, qui n'eſt autre choſe qu'un amas de parties, Dieu en le diviſant peut en faire un million d'autres. Se-

H 5

roit-

roit-on intelligible ſi on diſoit que d'un eſprit, ou d'un être penſant, on peut en faire un million d'autres par la diviſion. Un homme en délire pourroit-il proférer rien de plus ridicule?

13. Il eſt clair qu'un être ne peut penſer ſans avoir le ſens intime de ſon éxiſtence ; ceux qui veullent que la matiére puiſſe penſer, doivent donc avoüer qu'elle auroit le ſens intime de ſon éxiſtence. Suppoſons que l'amas de matiére dont on veut former un être penſant, ſoit compoſé de huit petits cubes, qui ſeront, ſi on veut, huit élémens indiviſibles. Accordons pour un inſtant, que Dieu veüille donner à l'amas de ces cubes le ſens intime de l'éxiſtence ; alors je fais cette demande : ou le tout ſentira ſon éxi-

éxiftence fans que les parties ayent ce fentiment, ou les huit élémens fentiront chacun la fienne, & leur compofé ne fentira rien, ou le fens intime du cube fera le réfultat des fens intimes des huit élémens. La premiére fuppofition ne peut fe foûtenir. Car le cube n'étant rien de plus que la fomme des huit élémens, dire que le tout fe fent éxifter, & que les parties ne fentent point leur éxiftence ; c'eft foûtenir que la maffe fe fent éxifter, fans rien fentir de ce qu'elle eft : c'eft comme fi on prétendoit qu'un tout peut éxifter fans parties. La feconde fuppofition n'eft pas plus foûtenable. Car fi chacun des huit élémens fent fon éxiftence, il s'enfuivra que huit individus fentent chacun leur éxiftence ; mais le tout qu'il

com-

compofent ne la fentira point: ce feroit une ame privée de ce qui lui eft effentiel. Le *moi* qui fe fent éxifter & qui penfe en nous, fent auffi qu'il eft un être unique ; donc tout ce qui fe fentira compofé ne fera pas un être penfant, tel qu'eft notre ame. Si l'ame étoit matérielle, comment pourroit-elle s'imaginer qu'elle eft immatérielle ? N'étant point unie à une fubftance fpirituelle, comment fe peut-il qu'elle fe confonde avec elle? Si une portion de matiére fe fentoit éxifter, pourroit-elle douter de la réalité de fes dimenfions? Pourroit-elle exclure de foi-même l'étenduë & la divifibilité? C'eft ainfi néanmoins que notre ame penfe.

14. Mais, dira-t-on, comment eft-il arrivé que quelques perfonnes

fonnes ayent cru l'ame matérielle ? On ne peut en attribuer
la caufe qu'aux préjugés de l'enfance.   L'ame a toujours eu
deux connoiffances; le fentiment
de fon éxiftence , & le fens intime de fon union avec le corps.
Elle a regardé ce tout fous un
même point de vuë, en difant
moi, elle uniffoit deux chofes
très-différentes. Dans la jeuneffe
on n'eft attentif qu'aux fenfations du corps ; l'ame en eft fi
occupée qu'elle s'oublie elle-
même ; n'étant attentive qu'aux
plaifirs qu'elle éprouve à l'occafion du corps , elle a pû penfer
qu'elle n'étoit autre chofe que
ce même corps. Pour ne pas
le croire , il auroit fallu beaucoup de réfléxions dont elle n'é-
toit pas capable ; foit à caufe de
la foibleffe de fes organes, foit
à caufe de fa trop grande vivacité,

cité, qui la détournoit de réfléchir fur elle-même.

15. Tout le tems qui s'eft
écoulé tandis que l'ame n'étoit
point capable de réfléxion, elle
a contracté l'habitude d'attribuer
aux différentes parties de fon
corps, toutes les fenfations
agréables ou fâcheufes qui lui
arrivoient. Le commun des
hommes qui ne réfléchit point,
croit que fon palais fent le plaifir, qu'une liqueur flatteufe
caufe ; que c'eft la main qui
fent le chaud & le froid, &c.
Ceci eft une fage difpofition du
Créateur, pour obliger l'ame à
veiller foigneufement à la confervation du corps & de fes
membres, en fuyant tout ce
qui peut leur nuire, & en ré-
cherchant tout ce qui peut leur
être utile. De-là le penchant
na-

naturel que nous avons à ne considérer que notre corps, & à être porté à croire qu'il est tout notre être. Il faut de l'éducation pour nous apprendre que ce n'est pas le corps qui sent en nous, qu'il en est incapable; & que le sentiment réside dans un autre être, tout différent de la matiére. Il faut employer le raisonnement pour parvenir à cette connoissance : mais combien de gens vieillissent sans avoir tourné leur vuë de ce côté-là. On s'occupe bien peu de perfectionner sa raison, tous les soins se portent vers le corps. Les différens emplois auxquels nous sommes livrés, ne nous présentent que des objets corporels. De quelle autre chose s'occupe-t-on dans le métier de la guerre, dans le barreau, dans le commerce, dans les soins do-

domeftiques, &c. Faut-il donc s'étonner qu'il y ait des matérialiftes ? L'ame s'oublie, elle ne voit que des fenfations, & ne les voit que dans les corps.

16. Le peuple inftruit par la réligion croit l'ame fpirituelle : un bel efprit pour fe diftinguer du vulgaire, dira hautement qu'elle eft matérielle. Il eft vrai qu'il s'éloigne du commun des Chrêtiens, mais il penfe comme le fauvage le plus ftupide. Tous les talens qu'on cultive avec le plus de foin, ne nous portent qu'à des chofes matérielles. Tout ce qui peut faire briller dans le monde, n'eft qu'un jeu continuel de fentimens relatifs aux corps. Faut-il s'étonner fi prefque tous les hommes ne font point d'attention à la nature de l'ame ? Elle de-

demande une étude férieufe & féche, à laquelle on ne veut pas fe livrer. Les Matérialiftes prétendent s'appuier de l'autorité des anciens Philofophes, qui, à ce qu'ils prétendent, penfoient comme eux. Mais qui ne fait que leur peu de connoiffance de la phyfique les a jetté dans des erreurs groffiéres ? Qu'étoit-ce que les formes fubftantielles des Péripatéticiens ? Comment raifonnoient les anciens fur le feu, fur l'air, l'eau, le mouvement, &c. Quelle doctrine que celle de la Métemfycofe ! Prefque tous croyoient l'éternité de la matiére. A quoi peut fervir le fuffrage de gens auffi peu éclairés ?

17. On ne peut lire fans étonnement ce que dit l'auteur des lettres philofophiques. Je fuis

I

corps,

corps, & je penſe, je n'en fais
pas davantage. Si je ne con-
ſulte que mes foibles lumiéres,
irai-je attribuer à une cauſe inconnuë, ce que je puis ſi aiſément attribuer à la ſeule cauſe
ſeconde que je connois un peu.
Ici, tous les Philoſophes de l'é-
cole m'arrêtent en argumentant
& diſent, il n'y a dans le corps
que de l'étendue & de la ſolidité ; il ne peut y avoir que du
mouvement & de la ſolidité. Or
du mouvement, de la figure,
de l'étenduë & de la ſolidité ne
peuvent faire une penſée. Donc
l'ame ne peut pas être matiére.
Tout ce grand raiſonnement ré-
pété tant de fois, ſe réduit uniquement à ceci. Je ne connois
que très-peu de choſes de la matiére, j'en devine imparfaite-
ment quelques propriétés ; or je
ne ſais point du tout ſi ces propriétés

priétés peuvent être jointes à la penſée: donc parce que je ne ſais rien du tout, j'aſſure poſitivement que la matiére ne ſauroit penſer. Voilà nettement la maniére de raiſonner de l'école ... il dit plus bas que la matiére peut penſer.

18. Ne ſeroit-il pas plus raiſonnable de dire, je penſe, & j'ai un corps ? On a vû que nos connoiſſances ſur la nature de notre ame vont bien au de-là des bornes que l'auteur de lettres philoſophiques veut leur donner. Nous ſavons encore que la matiére ne peut penſer, & c'eſt en conſéquence des idées que nous en avons ; ſeul & unique principe qui ſert de baze à tous nos jugemens. Quand je dis qu'un cercle ne peut être un quarré, cela n'eſt

certain

certain que parce que les idées que j'ai de ces deux figures, me préfentent une incompatibilité entre-elles. Par la même raifon, je juge que la penfée ne peut convenir à aucun corps. Si on révoque en doute ce principe, il faut renoncer à toutes les fciences, & nous livrer au pyrronifme le plus révoltant. Cet auteur n'a pû aller plus loin que de dire : peut-être que la matiére peut penfer. Mais a-t-on jamais pris fon parti fur une matiére auffi importante, fondé uniquement fur un peut-être ? Pour peu qu'un homme foit raifonnable, il ne rifquera pas fon bonheur éternel, ne fe fentant appuié que fur une poffibilité auffi frivole.

19. Il faut convenir que nous n'avons pas une idée complette

de

de la fubftance fpirituelle, mais nous la connoiffons affés par fes opérations, pour favoir qu'elle ne peut être matérielle. Il en eft de même de la volonté, on la fent, on ne peut la définir aifément. Il n'y a point de milieu entre corps & efprit; ce qui n'eft ni l'un ni l'autre n'éxifte pas. Il faut donc que le matérialifte dife que l'ame eft un corps ; mais il ne prouvera jamais qu'un corps puiffe avoir du fentiment & de la connoiffance. La fubftance de l'ame eft fans doute quelque chofe de réel ; ce n'eft point un corps, c'eft donc un efprit: conféquemment l'effence de l'efprit eft diftinguée de l'effence du corps. L'action n'eft pas effentielle à la matiére, elle lui vient d'ailleurs ; il faut donc avouër que l'action eft effentielle à l'efprit, pour qu'il

I 3

foit

ſoit vrai que ſon eſſence ſoit diſtinguée de celle du corps. Mais quelle peut être cette action eſſentielle à l'eſprit, ſinon le ſentiment qu'il a de ſon éxiſtence, ſans lequel on ne peut concevoir un être ſpirituel.

20. Les matérialiſtes ne ſont pas tous d'une même eſpéce; il y en a qui forcés par l'évidence, ſont obligés de reconnoître une cauſe premiére intelligente, & dont la puiſſance eſt ſans bornes, c'eſt-à-dire le même Dieu que nous adorons. Il eſt aiſé de voir qu'en admettant un principe ſpirituel, cauſe de tout ce qui éxiſte, on n'a aucune difficulté à montrer qu'il y a deux ſortes de ſubſtances, la ſpirituelle & la matérielle. Il eſt conſéquent de dire que notre

ame

ame eſt ſpirituelle, & s'ils n'en conviennent pas, c'eſt faute de ſavoir raiſonner. Quant aux autres qui n'admettent pour premiére cauſe qu'une matiére aveugle, ſans connoiſſance, il eſt facile de prouver qu'un principe privé de connoiſſance, ne peut avoir produit des êtres qui connoiſſent, tels que nous. L'effet ne peut avoir plus de perfections que ſa cauſe. L'homme connoît ſon éxiſtence, comment eſt-il produit par un principe qui ne connoît rien? C'eſt inſulter la raiſon que d'oſer ſoutenir un paradoxe auſſi abſurde; auſſi ne l'avance-t-on qu'en employant le terme de hazard, mot qui ne ſignifie rien.

21. La difficulté de concevoir ce que c'eſt qu'un pur eſprit, eſt ce qui a donné naiſſance au ma-

I 4 téria-

térialifme. Mais les partifans de cette opinion ont-ils une idée bien claire d'une machine qui penfe, qui fe connoît, qui a inventé d'autres machines mérveilleufes, qui a découvert tant de fecrets dans la nature, en un mot, qui a tiré de fon fond tous les arts? Il me paroît qu'ils ont bien de la force d'efprit, s'ils peuvent concevoir une chofe auffi difficile. On a vû des auteurs entreprendre de prouver qu'aucun corps n'éxifte, mais on n'en connoît point qui aïent nié l'éxiftence d'un être qui fait invinciblement qu'il eft. Il faut donc que l'éxiftence de l'efprit foit plus connuë que celle du corps, puisqu'on n'a jamais formé de doute fur celle de cette premiére fûbftance, & qu'au contraire on en a eu fur celle de la feconde.

22.

22. L'homme, ſi on en croit le nouveau ſyſtéme, eſt un compoſé de deux machines, l'une très-deliée, c'eſt l'ame ; l'autre plus groſſiére, c'eſt le corps. Ces deux machines ne différent que par l'organization plus ou moins délicate; ſans être néanmoins autre choſe que de la pure matiére. Un homme a la gangréne au bras, pour conſerver l'union entre les deux parties dont il eſt compoſé, ſe fait couper ce bras avec de grandes douleurs. Je demande de quel droit la petite machine fait couper un membre de la grande ? D'où a-t-elle cette autorité ? N'eſt-il pas plus naturel de penſer qu'une grande machine devroit dominer ſur une petite, ainſi que nous voyons les grands corps avoir la ſupériorité ſur ceux qui ſont moindres. Un

I 5

grand

grand chagrin réduit un homme au défefpoir ; il fe donne la mort. La petite machine détruit la grande, mais encore une fois fur quoi eft fondé ce pouvoir ? Pourquoi le corps n'auroit-il pas le droit de détruire l'efprit ? La grande machine devroit n'être pas moins puiffante que la petite. On ne peut rien répondre de raifonnable à cette queftion, qui ne préfente aucune difficulté quand on fuit le fentiment ordinaire. L'efprit eft actif, le corps ne l'eft pas : voilà la folution.

23. Un peu de réfléxion fur la maniére de peindre nos penfées par le moyen de l'écriture, fuffit pour nous convaincre de l'éxiftence des êtres immatériels. Les différentes nations font convenuës de fe fervir de certains
tains

tains caractéres, qui n'ont nul rapport avec les idées qu'ils ré-préfentent. Si tout eſt matiére, je demande pourquoi la matiére dont étoit compoſée l'ame des Athéniens, a inventé une écriture différente de celle des Romains? Ce qu'on dit ici de l'écriture, peut s'appliquer aux différentes langues qu'on parle dans le monde. La matiére eſt uniforme dans ſes opérations. Je fais faire une montre à Londres, elle marque les heures comme celle qui a été faite à Paris. On n'y apperçoit aucune différence. Si nos ames ne ſont qu'une matiére organizée, d'où vient que leurs opérations ſont ſi différentes? Les autres machines qui ſont ſemblables ont toujours un même effet; pourquoi donc les ames, qui ne ſont que des machines,

ſelon

felon les matérialiftes , font-elles appercevoir des diverfités infinies , dans le langage, dans l'écriture, & dans mille autres chofes ? Dira-t-on que les machines des Grecs qui font leurs ames , font conftruites autrement que celles des Romains ; mais quelle preuve en donneroit-on ?

24. Une des preuves la plus lumineufe de la fpiritualité de l'ame, fe tire de la *mémoire*, qu'on ne peut concevoir dans un être purement matériel. Quelqu'uns ont prétendu que cette admirable propriété pouvoit s'expliquer par les traces que les efprits animaux font dans le cerveau; mais c'eft une vaine prétention. D'habiles anatomiftes nient l'éxiftence de ces prétendus efprits animaux. Quand
ils

ils éxisteroient, ce ne seroit que la partie volatile de notre sang. Ces anatomistes ont observé avec soin divers cerveaux, sans y avoir jamais pû découvrir ces traces prétenduës ; & que le cerveau d'un homme qui a le plus de connoissance & la plus heureuse mémoire, vû avec le meilleur microscope, n'étoit pas plus filloné que celui d'un paysan, qui n'a qu'un très-petit nombre d'idées. D'ailleurs la substance du cerveau est si tendre & si délicate, que quand il seroit vrai que les esprits animaux y graveroient des traces, elles s'effaceroient promptement. Supposons un homme comme Jean le Clerc, qui savoit plusieurs langues, & qui les parloit facilement. Ajoutés encore à cet éxemple celui de Guillaume Postel, qui disoit à Charles IX. en

pré-

préfence de toute la Cour, après avoir expliqué des lettres du Roi d'Ormus. Sire, je puis aller fans truchement depuis votre royaume jufqu'à la Chine. Cet homme favoit toutes les langues mortes, & prefque toutes les vivantes. Quelle prodigieufe quantité de traces ne faudroit-il pas fuppofer pour tous les mots de ces langues ? Il n'eft prefque pas poffible de les compter. Cette multitude de fillons doivent fe croifer, paffer les uns fur les autres. Comment imaginer qu'ils ne fe confondent pas, & que l'un ne détruit pas l'autre ? Outre cela les efprits animaux doivent être extrémement volatils & d'une très-grande ténuité ; conçoit-on qu'ils puiffent graver des traces fur la moëlle du cerveau, qui doit réfifter à leur impreffion, comme étant plus matétérielle qu'eux ? Quand on veut absolument se ressouvenir de quelque chose, on l'écrit : ce qui prouve qu'on ne se repose pas sur les prétenduës traces du cerveau. Un trait frappant que nous lisons, nous détermine à vouloir fortement nous en conserver le souvenir ; on oublie les autres faits peu intéressans, & on se rapelle celui - là quand on le desire. On accordera, si on veut, que la méchanisme du corps, peut servir à faire souvenir ou à oublier, mais c'est l'esprit seul qui se souvient ou qui oublie.

25. Si l'ame étoit matérielle, différentes perceptions reçuës à la fois, affecteroient différentes parties de l'ame : mais le sens intime m'apprend que ce qui sent en moi, n'est qu'un être uni-

unique, & non plusieurs ; ce qui arriveroit nécessairement dans la supposition que l'ame soit étenduë. Je ne serois plus un individu, une seule personne qui sent, mais c'en seroit réellement plusieurs ; puis qu'il est évident qu'une partie de la matiére est très - distincte de celle qui l'avoisine, & de toutes les autres dont le corps est composé. On les supposera petites autant qu'on voudra ; leur petitesse n'empêchera pas la distinction des parties. Ce qui sentira une piqure au pied, sera une partie distinguée de celle qui sent le chatoüillement. En étudiant ce qui se passe en moi, je sai que ce qui éprouve les sensations n'est qu'un être unique, simple, & par conséquent sans composition quelconque. Ceci devient encore évident dans la musique.

Un

Un organiste touche l'accord parfait, composé de trois sons; mon ame sent l'unité de l'accord : mais si elle étoit matérielle, l'*ut* se fera sentir sur une partie, le *mi* sur une autre, & le *sol* sur une troisiéme; cela formera trois sons distingués, & l'ame qui les sentiroit chacun en particulier, ne sentira pas l'unité de l'accord, ce qui est contre l'expérience. Il faut donc convenir que l'ame est l'unité la plus simple ; que c'est un individu unique, & non un être composé de parties.

26. Mais, dira-t-on, comment un être immatériel peut-il agir sur un corps? Il est certain que cela est ainsi, quoique j'ignore comment cela se fait. En effet où trouver l'origine du mouvement, si on n'a recours

à un être immatériel ? Quel corps a pû être le premier en mouvement pour le communiquer aux autres ? Nos connoissances sont-elles infinies, pour prononcer qu'une chose est impossible, parce que nous ne concevons pas comment elle se fait ? Connoissons-nous bien comment un corps agit sur un autre ? Qui expliquera ce que c'est que la gravitation, que Newton a decouverte dans la nature ? Qui pourra bien montrer comment le mouvement se communique, quand il passe d'un corps à un autre ? On voit bien que cela se fait par le choc des deux corps : mais comment ce choc transmet-il le mouvement ? Puis donc que nous ne concevons pas de quelle maniére un corps agit sur un autre, aurons-nous la témérité de dé-

décider, de nier la poſſibilité de l'action d'un être immatériel ſur la matiére, par la ſeule raiſon que la maniére dont cela s'éxécute nous eſt inconnuë, ou incompréhenſible ? * Toland ce philoſophe hardi, n'a pas craint d'avoüer qu'il ne pouvoit donner la définition du mouvement, & qu'aucun homme ne pouvoit le faire. J'embraſſe volontiers cette idée ; puis qu'on ne connoît pas la nature du mouvement, il eſt donc ridicule de raiſonner ſur cela.

27. Comment a-t-on pû imaginer que différentes parties de matiére, dont aucune en particulier ne penſe pas, étant réunies enſemble dans une certaine diſpoſition, pouvoient former un être intelligent ? Bayle qui

K 2　　　　étoit

---

* Lettre V. à Serena.

étoit affurément philofophe , regardoit cette idée comme une chofe très-abfurde. * Pour raifonner conféquemment, dit-il, il faut établir, ou que la fubftance qui penfe, eft diftincte du corps, ou que tous les corps font des fubftances qui penfent. On ne perfuadera jamais à une perfonne raifonnable , qu'une penfée puiffe être un mouvement, ou une figure.

28. Perfonne n'a encore ofé foûtenir que toute forte de matiére penfât ; refte donc l'opinion de ceux qui prétendent que la matiére organizée d'une certaine façon, eft fufceptible de penfée. On ne peut concevoir la penfée, fans fe répréfenter en même tems quelque chofe d'actif ; mais comment con-

---

* Dicéarque Lettre C.

concevoir de l'activité dans la matiére, sinon autant qu'on la conçoit en mouvemênt ? Ce sera donc le mouvement qui fera penser la matiére. Peut-on croire férieufement que l'organization & le mouvement foient la caufe de la penfée ? A qui eft-il jamais venu dans l'efprit qu'une montre penfoit , plûtôt qu'un morceau de cuivre ou d'acier. Qui s'eft jamais imaginé qu'une pendule qu'on a fur fon bureau, connoiffoit tout ce qu'on fait devant elle ? Un horloger n'a jamais crû qu'en faifant une montre, il alloit produire un être penfant. Pourquoi la matiére difpofée de telle façon qu'on voudra fuppofer , penferoit - elle plûtôt qu'une montre ; plûtôt que l'automate qui joüoit de la flute ? De tous ceux qui ont vû ce prodige de
K 3   l'art,

l'art, aucun n'a été tenté de croire que ce morceau auſſi rare que curieux penſât, ni qu'il eut aucune connoiſſance. Tant il eſt vrai que l'eſprit humain ne peut ſe faire à aſſocier la penſée avec l'étenduë dans un même ſujet.

29. Quand je réfléchis ſur l'eſprit & la matiére, je trouve par tout des attributs incompa-tibles. On peut diviſer la ma-tiére en deux moitiés, en quatre quarts: puis-je concevoir ce que c'eſt que la moitié, le quart d'un eſprit? J'apperçois que la matiére peut être ronde, quarrée, &c. Ai-je la moindre no-tion d'un eſprit rond ou quar-ré &c? La matiére peut être bleuë, rouge, &c. Puis-je avoir l'idée d'un eſprit bleu, ou rouge? Je ne parcoure pas plus loin les
pro-

propriétés de la matiére, faites-
en la paralléle avec celles de
l'esprit, vous verrés toujours
que ce qui convient à l'un répugne à l'autre, que c'est une
oppofition totale. Sur quel fondement s'appuye-t-on, pour foûtenir que la matiére peut penfer;
ce qui eft équivalant à dire
qu'elle peut être un efprit?
N'eft-il pas plus raifonnable,
de croire que quand deux fujets
ont des propriétés diamétralement oppofées, ils font des
êtres différens; que l'un ne peut
jamais être confondu avec l'autre, ayant des natures fi diverfes?

30. Après les notions que
nous avons de notre ame, je
demande fi on conçoit qu'un
efprit puiffe avoir les modes du
corps? Si on le fuppofe; cet
efprit éxiftera donc de la même

K 4

ma-

maniére qu'un corps, & con-
féquemment il feroit un corps: ce ne feroit plus un efprit. Par la même raifon un corps ne peut avoir les modalités d'un efprit, parce qu'alors ce corps feroit véritablement un efprit. Nous ne concevrons donc plus de différence entre corps & ef- prit, ce qui eft contre le fens intime de tous les hommes, qui leur fait fentir cette diffé- rence. Tout corps a des par- ties, dont chacune eft un être ifolé: ce corps change de figure par le dérangement de ces par- ties, les unes à l'égard des au- tres. Mais fent-on intimement que notre ame eft un compofé de parties ifolées les unes des autres; que quand nous paffons de la joie à la trifteffe les pré- tenduës parties de notre ame font dérangées les unes à l'é- gard

gard des autres ? Que si on ne sent rien de semblable, sur quoi peut-on se fonder pour assurer que l'ame est matérielle ? Tout ce qu'on apperçoit en elle, nous conduit a dire le contraire.

31. Ceux qui veulent que la matiére puisse penser, peuvent aussi croire qu'une masse d'argile est capable de sentir son éxistence, comme notre ame la sent. Elle devroit aussi sentir la main du potier qui l'auroit façonnée à son gré : car notre ame se sent éxister, elle se sent modifiée par une cause étrangére, toute-puissante, qui crée par son seul vouloir. Si je dis que quelque chose est possible, c'est que je conçois une liberté souverainement active, dans laquelle réside le pouvoir de donner l'éxistence à ce qui ne l'a

K 5

pas.

pas. On me preſſe la main ; ce ſentiment de preſſion eſt unique, quoi que relatif à ſa cauſe : je n'ai qu'une unique perception. Rien n'eſt donc auſſi ſimple qu'une idée ; rien d'auſſi ſimple que l'ame qui la contemple. Elle n'eſt donc pas matiére, qui ſuppoſe une com-poſition.

32. C'eſt ſi peu le corps qui penſe en moi, que je puis per-dre un bras, une jambe & telle autre partie, ſans que pour cela je ſois privé de la connoiſſance d'une ſeule vérité métaphyſique, ou morale. On ne s'apperçoit pas qu'un homme qui a perdu un membre, ait moins de mé-moire qu'il n'en avoit avant cet accident. Un certain ſentiment nous perſuade que nos penſées viennent de la tête , mais où
pla-

placera-t-on leur fiége ? Notre ame fent fon éxiftence ; fent-elle qu'elle éxifte en plufieurs endroits de notre cerveau ? Quelques anatomiftes ont voulû affigner ce fiége de l'ame, mais leurs obfervations ont eu auffi peu de fuccès que l'opinion de Defcartes, qui vouloit que ce fut la glande pinéale; idée dont on ne trouve plus de partifans. Ni la fubftance du corps calleux, ni la fubftance corticale du cerveau, ni aucun autre endroit affignable n'eft le *fenforium*, ou le centre de l'organization. Notre ame ne fent point le lieu précis d'aucun de fes départemens, ni leur fituation ; elle fe fent éxifter, ces parties font bien différentes de la fubftance de l'ame, qui dans la plûpart des hommes n'en a pas la moindre connoiffance.

Toute

Toute senfation eft un mode de mon intelligence, & ne l'eft d'aucun filet nerveux confidéré dans toute fon étenduë. Peut-on confondre le phyfic qui fait que mon bras fe remuë, avec l'acte de ma volonté qui a ordonné ce mouvement?

33. Nous fentons fi vivement l'éxiftence de notre ame qu'aucune hypotéfe ne peut nous en faire douter. Il n'en eft pas de même du fentiment que nous avons de l'éxiftence de notre corps. Le Pere Mallebranche a donné de fortes raifons pour montrer que nous n'avions aucune certitude proprement dite qu'il éxiftât des corps. En éffet nous éprouvons dans les fonges des fenfations auffi vives que dans la veille; nous croyons voir, fentir des

corps

corps qui n'éxiftent que dans notre imagination. Il s'eft trouvé de gens fortement perfuadés qu'ils avoient affifté au fabbat, quoi que ce fut fans aucune réalité.

34. Notre corps peut decroître fans que nous le connoiffions, car nous n'avons aucune notion de fa maffe abfoluë. Dieu pourroit donc le réduire à l'égal d'un atome, fans que nous en fuffions avertis. Il n'en eft pas de même de notre ame, il ne fe paffe en elle aucun changement, qu'elle ne le connoiffe à l'inftant. Nous ne concevons pas qu'elle puiffe croître ou diminüer dans fa fubftance. Différence bien marquée entre-elle & le corps.

35. Nous n'avons aucune connoiffance qui nous faffe diftinguer

guer les matiéres étrangéres qui traverſent notre corps, qui parcourent ſes vaiſſeaux, telles que l'air, l'éther, la matiére électrique, &c. Qu'on ſoit abſorbé dans une profonde méditation, on n'eſt plus averti de l'éxiſtence de notre corps, tandis qu'on l'eſt vivement de celle de l'ame. En un mot nous n'avons pas la même certitude de l'éxiſtence de notre corps, que de celle de l'ame ; preuve certaine de la diſtinction de ces deux êtres.

36. L'ame ſent ſon individualité numérique ſi évidemment, que rien ne peut lui faire croire qu'elle ne ſoit pas la même à 50. ans, que lors qu'on n'étoit agé que de 20. ans : mais il n'en eſt pas ainſi du corps ; car ſi on conſidére ce qui ſe perd

par

par la tranſpiration journaliére,
on pourra raiſonablement pen‑
ſer que le corps dans l'eſpace
de 20. années, n'a plus rien de
ce qui le compoſoit quand il eſt
venu au monde. Autre preuve
de la diſtinction très‑réelle de
l'ame & du corps.

37. Il eſt conſtant que pen‑
dant tant de ſiécles qui ſe ſont
écoulés, preſque tous les
hommes ont crû que leur ame
étoit une ſubſtance diſtinguée
de la matiére, & que l'opinion
contraire n'a commencé à ſe
faire connoître que depuis peu
de tems. On dit que quoi qu'on
connoiſſe certaines propriétés
de la matiére, elle ne nous eſt
pas aſſés connuë pour pouvoir
aſſurer qu'elle n'eſt pas capable
de penſer. Quand il ſeroit vrai
que la matiére pourroit avoir
d'au‑

d'autres propriétés que celles qui nous sont connuës, il n'en feroit pas moins certain qu'elle a celles que nous connoissons; comme d'être étenduë, divisible, figurée, en repos ou en mouvement. Conséquemment si elle pensoit, l'être pensant sera étendu, divisible, il aura une certaine figure &c. Or il n'est rien de plus absurde que de donner à un être pensant de l'étenduë, des parties, une figure. Il est donc faux qu'on puisse supposer que la pensée soit jamais une propriété de la matiére.

38. L'ame compare ses idées, elle juge, elle a des sensations de plaisir, de douleur; tout cela ne peut convenir qu'à un être simple & immatériel. L'idée de la matiére renferme nécessairement celle de plusieurs par-ties

ties diftinguées entre-elles, auffi réellement que les grains qui forment un tas de fable : mais alors ce qui affectera une de ces parties, ne fera point connu des autres ; & s'il en eft connu par l'ébranlement, ce ne fera plus une fenfation, mais plufieurs, ce qui eft démenti par l'expérience. Pour qu'on éprouve une fenfation unique, il faut un point de réunion : ce point n'eft pas cette multitude de parties qui compofent la matiére ; ce fera donc un point fimple, unique, fans parties, & par conféquent immatériel. Outre cela, la réfléxion ou le retour de l'ame fur elle-même, fa confcience, fa liberté, montrent auffi la fimplicité & l'immatérialité de cet être. Il n'y a dans un fujet d'autre attributs que ceux qui décou-

L

lent

lent de fon effence ; mais·la penfée ne découle point de l'ef-fence de la matiére ; autrement toute matiére penferoit nécef-fairement, ce que perfonne n'a ofé foûtenir : il faut donc con-clure que jamais la penfée ne peut être un attribut de la ma-tiére.

39. Il n'y a point d'homme qui puiffe douter ferieufement qu'il n'ait un corps & qu'il ne penfe.   Si je lui demande quel-le idée il a de fon corps, il me répondra qu'il connoît que c'eft un affemblage de parties éten-duës, figurées diverfement. Il faura encore que penfer c'eft avoir des idées qui répréfentent divers objets, que c'eft vouloir, affirmer, nier, aimer, haïr &c. Je demande encore ce que c'eft que cet être qui penfe en nous ?

Eft-

Eſt - il d'une nature différente de notre corps, ou n'y a-t-il de différence entre-eux que parce que l'un eſt une matiére plus ſolide & plus groſſiére, & que l'autre eſt une matiére plus ſubtile & plus déliée, une eſpéce de feu extrémement vif? Il me ſemble qu'on ne peut former d'autre queſtion ſur ce ſujet. Ceux qui ont intérêt à vouloir que l'ame ſoit matérielle, répondront que la matiére ne nous eſt pas aſſés connuë, & qu'il ſe peut qu'une de ſes propriétés ſeroit de pouvoir penſer. Le matérialiſte ſe fait un rempart de ſon ignorance, car pour de preuve poſitive de ſon ſentiment, il n'en faut point attendre. C'eſt ainſi que Locke à propoſé le matérialiſme. Il faut éxaminer ſi ce doute peut ſe concilier avec les notions que

L 2   tous

tous les hommes *fenfés* ont euës.

40. Nous ne jugeons des êtres que felon nos idées. Si elles m'en répréfentent qui aient les mêmes attributs, je dis qu'ils ont une nature femblable ; fi au contraire j'apperçois des attributs différens, je prononce, fans crainte de me tromper, que ces êtres ont une nature différente. Je compare ce qui penfe en moi avec mon corps, ou tel autre corps quelconque : je remarque dans les corps qu'ils ont de l'étenduë, des parties, une figure, &c. Je fuis donc bien fondé, ne voyant rien de pareil dans mon efprit, à dire que le corps & ce qui penfe en moi, font deux êtres très-diftingués, & qui n'ont rien de commun dans leurs propriétés.

Quand

Quand je foutiens que je n'apperçois aucune étenduë dans le
principe penfant, je n'affure que
ce que tous les hommes voient
auffi bien que moi. Otés au
corps fon étenduë, vous le dé-
truifés : concevés, s'il fe peut,
l'ame étenduë, ce n'eft plus un
être penfant, mais un corps.
Quoi de plus fimple qu'une affirmation, ou une négation ?
Pouvez-vous la concevoir étenduë, figurée, &c. c'eft donc une
preuve que les opérations de
l'ame font auffi fimples que le
principe qui les produit.

41. Le matérialifte ne gagne
rien à foutenir que nous ne connoiffons pas affés la nature des
corps, pour prononcer fur les
propriétés dont ils font capables.
Nous en favons affés pour affurer que tous les corps font fuf-

 cep-

ceptibleş de figure, de divisibi-
lité, &c. Conséquemment si notre ame est matérielle, je puis
assurer qu'elle est figurée, divisible, &c. On pourra donc tenir ce langage inoüi jusquà présent : cet esprit, dira-ton, est
quarré, rond, triangulaire : cet
esprit est partagé en deux, en
cent, en mille parties. Soûtenir que l'ame est matérielle, &
ne lui pas accorder les propriétés connuës de la matiére, c'est
ne savoir ce qu'on dit. Si un
tout de matiére pense, toutes
les parties de ce tout pensent
aussi. Une ame contiendra donc
un million de petites ames, que
dis-je, elle en renfermera une
infinité. Une pareille doctrine
combat les premieres notions,
& se réfute elle-même. N'est-
il pas absurde d'avancer qu'un
oüi ou un *non*, qui font des pensées

fées, puiſſent jamais être chan-
gés en un grain de pouſſiére ?
Ce grain quelque petit qu'on
le ſuppoſe, eſt diviſible en deux :
on pourra donc partager un *oüi*.
Qui a jamais compris ce que
c'eſt que la moitié d'une affirmation ? Quelle langue a jamais
employé une ſemblable expreſſion ? Qu'on ne diſe pas que la
matiére ne penſe pas dans toutes ſes parties : car je demande
pourquoi une partie penſera pré-
férablement à une autre, qui
eſt près d'elle ? On ſent bien
qu'on ne peut répondre rien de
raiſonnable à cette queſtion.

42. Il eſt très-certain que notre corps , quoique très-maté-
riel, ſe renouvelle au bout d'un
certain tems, par la tranſpiration, & par le frottement continuel des parties dont il eſt

com-

compofé. De forte qu'il eft vrai de dire qu'un homme à l'age de trente ans , n'a peut-être pas une once de ce qui compofoit fon corps, quand il eft né. Si notre ame étoit matérielle, elle feroit compofée de parties infiniment plus fubtiles que celles qui compofent notre corps. Ces parties qui feroient dans une continuelle agitation par la fucceffion rapide & non-interrompuë de nos penfées, ces partïes, dis-je, dans ce mouvement perpétuel eû égard à leur ténuité extréme, feroient fujettes à une plus grande altération que celles du corps. Il s'enfuivroit qu'après peu d'années notre ame feroit entiérement changée, ce ne feroit plus le même *moi*. Nous avons des habitudes dans l'ame; on garde dans fa memoire une infinité de mots, de faits, &c.

Tout

Tout cela s'effaceroit entiérement, parce que ce ne feroit plus la même fubftance, le même être. Un homme au bout d'un certain tems devroit rapprendre les langues qu'il auroit fçuës ; il faudroit de nouveau étudier l'hiftoire & les fciences ; mais l'expérience dément cela, & nous nous fouvenons à cinquante ans des chofes que nous avons apprifes dans notre jeuneffe ; ce qui n'arriveroit pas fi notre ame étoit matérielle.

43. N'eft-il pas furprenant que des créatures qu'il eft fi facile de convaincre de leur ignorance, aient la témérité de méprifer la révélation, pour fuivre les lumiéres de leur foible raifon ? A quoi peuvent aboutir tous ces raifonnemens qu'on fait fur la nature du corps & de l'ame,

L 5

s'il

s'il eſt bien certain que nous ne pouvons la connoître ? Imaginés telle définition qu'il vous plaira ; elle n'expliquera jamais ce que c'eſt que la ſubſtance intime de quelque être que ce ſoit. Elle ſera bien l'explication de l'idée qu'on s'en forme, eu égard à certaines propriétés, à certaines opérations qu'on y découvre conſtamment ; idée qu'on peut appeller la nature objective ou idéale des choſes : mais elle ne ſera jamais l'explication de la nature réelle, phyſique, & intime des choſes, puis qu'elle ne me fera jamais connoître de quelles parties inſenſibles eſt compoſé un tel corps, ou quelle eſt la ſubſtance intime & réelle d'un eſprit. C'eſt une entrepriſe téméraire de vouloir franchir les bornes que le Créateur a données à notre

notre foible intelligence, en voulant connoître à fond la fub-ftance intime des êtres corpo-rels ou fpirituels. Dieu a tel-lement livré le monde aux difpu-tes des hommes (*) qu'ils ne peuvent comprendre le moin-dre de fes ouvrages. Non, perfonne ne viendra jamais à bout de connoître clairement quelle eft la nature ou la fub-ftance d'un brin d'herbe, d'une feüille, d'une fleur, &c.

44. Mais, dirés-vous, fi no-tre ignorance eft fi grande fur la nature des êtres, comment peut-on affurer que l'ame n'eft point matérielle? Nous connoif-fons affés de fes propriétés, pour favoir quelles font incompati-bles avec l'extention. L'être penfant eft indivifible; il ne peut

être

(*) Eccl. C. 3.

être étendu comme le corps, qui essentiellement est capable d'être divisé. Je ne connois pas entiérement la nature du feu & de l'eau, mais par les propriétés que j'en connois, je puis juger surement que le feu ne peut geler l'eau, ni l'eau fondre les méteaux.

45. Monsieur l'Abbé de Gamaches a rassemblé en peu de mots tout ce qu'on peut dire de mieux. Il introduit un homme qui réfléchit sur soi, & le fait ainsi raisonner. Je vois qu'une portion de matiére tient en quelque façon à mon être propre: sa forme, son organisation extérieure commence à m'étonner; je m'instruis & j'apprends quelle est sa structure, quel est le jeu méchanique des parties intimes de mon corps. Spectacle nouveau !

veau ! à la vuë duquel ma fur-
prife redouble encore , quelle
harmonie ! quelle ordonnance!
quelles combinaifons ! En ferai-je
honneur au hazard ? Mais moi
qui réfléchis ici , me confondrai-
je avec cette portion de matiére,
dont le méchanifme me force
d'élever mes regards jufqu'à
l'être fuprême ? Mon corps peut-
il fe connoître lui-même , &
tout ce qui l'environne ? Peut-
il réfléchir , juger , vouloir ,
defirer ? La matiére eft divifible,
fujette à changer de fituations,
de figure. La faculté de penfer,
de fentir , de vouloir , n'a rien
de commun avec celle d'être figuré , mû , divifé : ce n'eft donc
point mon corps qui veut , qui
fent , qui raifonne. Voilà le
langage de la nature , le vrai
par conféquent ; capable de frap-
per tout homme raifonnable.

46. II

46. Il eſt avoüé par les plus grands Philoſophes modernes, que la matiére n'eſt qu'un aſſemblage d'étres infiniment petits, & infiniment ſolides. De leur petiteſſe & de leur ſolidité eſſentielle, on n'en peut rien tirer que la mobilité, la dureté, & l'indeſtrubilité, qui ſuivent néceſſairement de la nature de ces corpuſcules. Les corps ſenſibles ne ſont donc que des compoſés d'atomes & de vuide. Newton a donné tant de preuves de l'éxiſtence du vuide, qu'on ne peut guère s'y refuſer. Le compoſé n'eſt pas d'une nature différente des parties qui le compoſent. Qu'elles ſoient ſéparées ou unies, elles ſont toujours les mêmes. Le repos ou le mouvement de ces parties ne change pas leur nature. Toute propriété ſuppoſe un être. Le néant ne peut

en

en avoir aucune. Si je trouve de la fenſibilité & de l'activité, je dis qu'il éxiſte un être fenſible & actif. Si cet être eſt matériel, tous les atomes dont il eſt compoſé feront des êtres fenſibles & actifs, conſéquemment libres; toute la matiére de l'univers pourra n'être compoſée que d'êtres actifs & fenſibles. Comment concevoir qu'un atome foit capable de tous les fentimens que nous éprouvons dans notre ame ? L'extréme folidité d'un atome, ne paroît-elle pas être incompatible avec le fentiment & l'activité, qui fe trouve dans un être penfant ? Des propriétés contradictoires fuppofent des êtres de nature différénte ; un être tel qu'un atome, ne pourra donc jamais devenir un être penfant ; la matiére

tiére ne peut donc pas penſer, & cela n'eſt pas plus poſſible que de faire un cercle quarré. Déroge-t-on à la toute-puiſſance, quand on aſſurera qu'elle ne peut faire une figure ronde qui ait quatre angles ? Les matérialiſtes feignent avoir du reſpeĉt pour la puiſſance de Dieu, duquel il ſe jouënt en tant de façons.

47. Je diſois à l'inſtant que Newton avoit prouvé l'éxiſtence du vuide, ou de l'étenduë ſans corps ; ce Philoſophe la croyoit néceſſaire dans la nature, ſans quoi le mouvement étoit impoſſible. Il eſt certain que le ſavant Anglois, qui avoit beaucoup médité ſur le vuide, en avoit une idée très-claire, ſans quoi il ne nous auroit pas fait part de ſes admirables dé-
couvertes

couvertes ſur cette matiére. Il
eſt donc poſſible de concevoir
un être incorporel, tel qu'eſt
l'eſpace pur. Sur quel fonde-
mentCuentz vient-il débiter hardiment, qu'on ne peut avoir l'i-
dée d'un eſprit, parce que ce
qui n'eſt pas corporel ne peut
être conçu, que c'eſt une chymére ? Pour renverſer cette
prétention, il ſuffit de lui répondre qu'on conçoit l'eſpace
pur, qui n'a rien de matériel ;
il ſe trompe donc en aſſurant
une choſe qui eſt manifeſte-
ment fauſſe. C'eſt néanmoins
cette fauſſeté qui lui a donné
occaſion de bâtir ſon ſyſtéme,
& qui l'a conduit à faire Dieu
matériel, & à prétendre que
l'ame étoit corporelle, ou qu'elle
n'étoit rien.

48. A quoi ſerviroit de faire

penfer la matiére, qui eft un
être compofé, s'il eft plus fimple & plus naturel, plus aifé
de doüer une fubftance fimple
& unique de la faculté de penfer ? Dieu n'employe point les
voies les plus compofées ; au
contraire toutes fes œuvres
nous montrent qu'il fe fert des
moïens les plus fimples & les
plus abrégés. Il y a plus : fi
l'union ou l'arrangement quelconque de plufieurs êtres, étoit
néceffaire pour faire un être intelligent, puis qu'un compofé
n'eft point d'une nature différente des parties qui le compofent, Dieu n'en pourroit faire
un être intelligent : car s'il le
faifoit de parties infenfibles non
intelligentes, le compofé ne
feroit qu'un affemblage infenfible & non intelligent. S'il le
faifoit d'êtres fenfibles & intel-
li-

ligens, il y auroit donc des êtres fimples doüés de fenfibilité & d'intelligence : d'où il réfulte évidemment, que la compofition, ou la pluralité d'êtres n'eft pas néceffaire à la fenfibilité, à l'intelligence, à la réfléxion, à la volonté, à l'activité : il paroit au contraire, que la multiplicité ne pourroit qu'être nuifible à l'éxercice de toutes ces propriétés.

49. Quand on affure que la matiére peut recevoir de Dieu le don de penfer, on n'a pas affés réfléchi fur ce que cette affertion emporte avec-elle. Il fuffira de la developper, pour montrer qu'on n'entendoit pas ce qu'on difoit en avançant ce paradoxe. La matiére, comme on l'a dit, n'eft qu'un affemblage de corpufcules infenfibles.

<table><tr><td>M 2</td><td>Pour</td></tr></table>

Pour que cette matiére pensât, il faudroit que toutes les petites parties dont elle est composée, pensassent aussi : car le tout n'étant autre chose que ses parties, si elles ne pensent pas, le tout ne pensera pas non plus. Supposons que Dieu voulut qu'un pouce cube de matiére devint pensant : ce pouce cube que je suppose être composé d'un million de corpuscules, éxigera donc qu'un million de parties deviennent doüées de sensibilité, & de pensées : mais qui ne voit qu'il seroit indigne d'un être très-sage de se servir d'une voie aussi compléxe ? Ceux qui prétendent que le corps de l'homme pense, font-ils attention que ce corps est composé d'une infinité d'atomes ? Il faudra donc qu'ils croient qu'une homme n'est qu'un amas d'une infinité d'ê-
tres

tres penfans. Quelle philofophie! He! n'eft-il pas plus raifonnable de dire tout uniment
que nôtre corps eft joint à un
être immatériel, doüé de fenfibilité & d'activité?

50. Ce fyftéme d'une matiére
qui peut penfer, entraine des
conféquences révoltantes. Si
un pouce cube de matiére peut
penfer, tout l'univers peut devenir penfant, tous les atomes
dont il eft compofé feront des
êtres penfans. Voilà les monades de Leibnitz reffufcitées,
tout ce qui nous avoit femblé
de la matiére n'a plus de réalité, tout eft phénoméne : car
fi tous les atomes de l'univers
font des êtres penfans, l'homme
qui en eft compofé, n'a plus
rien au-deffus de la brute; que
dis-je, il ne différera plus d'une

M 3   pierre,

pierre, d'un morceau de bois. Toutes nos connoiſſances ſont renverſées par la ſuppoſition abſurde que la matiére peut penſer. Locke qui ſemble avoir voulu établir ce ſentiment, n'a peut-être pas enviſagé les ſuites qu'il pouvoit avoir. Il eſt vrai qu'il ne l'a avancé qu'avec beaucoup de retenuë, mais cela n'empêche pas qu'il ne ſoit blâmable d'avoir donné lieu aux eſprits amateurs de la nouveauté, de s'égarer dans des conſéquences qui détruiſent toutes les réligions.

51. Le dogme de l'immatérialité de l'ame eſt étroitement lié avec celui de ſon immortatalité : car ſitôt qu'on la croit corporelle, quelque déliée qu'on la ſuppoſe, ſes parties ſont ſujettes à la deſunion, & ce qui cau-

causeroit la ruïne du corps, en-
traineroit la fienne. Auffi voilà
pourquoi ceux qui veulent que
l'ame doive s'annéantir à la mort
du corps, foûtiennent en conféquence qu'elle eft matérielle.
Cuentz raifonne donc peu conféquemment en faifant l'ame
matérielle, & immortelle en
même tems. Il n'a pû lui refufer cette derniére prérogative,
parceque la révélation, qu'il reconnoît, l'enfeigne clairement;
mais il devoit auffi admettre la
prémiére, qui eft énnoncée très-
diftinctement dans l'écriture.
Il eft en cela auffi mauvais philofophe que mauvais chrêtien.
J'ai pour garand de ceci un
homme qu'on n'accufera pas de
trop accorder à la révélation,
c'eft M. D'Argens qui parle
ainfi : * Douter des chofes qui
M 4 ne

____

*Memoires de la Rep. des lettres Tom. III. p. 700.

ne font point évidentes, c'eft le partage des véritables philofophes : accepter aveuglément les opinions les plus incertaines, c'eft celui des efprits les plus médiocres ; foûmettre fes doutes & fes incertitudes philofophiques aux décifions de la révélation, & après avoir agité des matiéres felon les connoiffances humaines, s'en tenir aux décifions de la Réligion, c'eft la conduite d'un homme fenfé. Cuentz a pris le contrepied de ces maximes fi raifonnables.

52. Voici un raifonnement de s'Gravefande : Tout ce qui a de l'étenduë a des parties, & on ne peut rien attribuer à cette étenduë, qui ne convienne en même tems à fes parties. Suppofons qu'un être étendu penfe : ou la penfée fera entiére

tiére dans chacun des points de
cette étenduë, ce qui eſt abſurde ; ou elle ſera répanduë
dans toute l'étenduë & par cela
même diviſible avec elle , ce
qui eſt oppoſé à la nature des
perceptions. Que ſi quelqu'un
dit que les idées ſont diviſibles,
& qu'il conçoit clairement que
l'idée de l'étenduë eſt telle ; je
lui réponds qu'il confond l'idée
de la choſe avec la choſe même.
Celui qui a une idée, ſent qu'il
a cette idée : mais perſonne
n'affirmera que ce ſentiment
ſoit diviſible & étendu ; cependant ce ſentiment ne ſauroit être
ſéparé de l'idée, & devroit être
partagé avec elle, ſi la penſée
étoit étenduë ; ainſi penſer &
être étendu ne ſont pas les attributs d'un ſeul & même ſujet.

53. On a crû répondre à cette
M 5   preuve

preuve très-folide, de l'impoffibilité d'allier la penfée avec l'é-
tenduë ; en difant que la matiére
eft doüée de certaines propriétés
qui conviennent en général au
corps, & à chacune de fes parties. On donne pour éxemple
l'attraction que Newton a découverte. On auroit pu y ajoûter la gravitation. Mais cette
réponfe eft infuffifante : on
avance que l'attraction n'eft pas
divifible, ce qui eft faux. Pre-
nés un aimant, qui a la force
d'attirer un poids de quatre livres ; qu'on coupe cet aimant
en deux, il n'attirera plus qu'un
poids de deux livres ; on peut
donc divifer l'attraction. Il en
fera de même de la gravitation,
qui peut être augmentée ou
diminuée, felon qu'on ajoûtera
au volume d'un corps, ou qu'on
en retranchera. Or on ne peut
rien

rien ajoûter à une penſée, non plus qu'on ne peut en rien re-trancher.

54. Ceux qui prétendent que la matiére peut penſer, n'oſe-roient dire que c'eſt une pro-priété qui lui eſt eſſentielle : càr chaque grain de ſable ſeroit auſſi raiſonnable que l'homme. Il faut donc qu'ils ſe retranchent à dire que la penſée ne réſulte que de quelques modifications de la matiére. Mais comme on ne doit raiſonnablement juger que ſur les idées que nous avons des objets : je demande ſi dans tout ce que nous connoiſſons de la matiére, il y a la moin-dre choſe qui nous porte à croire que la penſée puiſſe y être jointe ? Nous connoiſſons dans la matiére la grandeur, la figure, la ſituation, le mouvement,

la

la divifion des parties ; or dans laquelle de ces propriétés apper-çoit-on la faculté de penfer ? Si nous n'étions pas organizés nous n'aurions aucun fentiment : car ceux dont les organes font entiérement viciés, ne fentent point. Que l'œil foit crevé, il ne voit plus. Dira-t-on que le cerveau forme les idées ? Mais le cerveau n'eft lui-même qu'un corps. Serat-ce le mouvement qui produira la penfée ? Mais comme dans la maffe entiére du monde tout eft en mouve-ment, il n'y aura point de par-tie à laquelle on ne doive attri-buer l'intelligence. Le mouve-ment eft fucceffif, une idée fe montre tout à la fois, & ne ré-çoit point de fucceffion ; elle n'eft donc pas l'éffet du mou-vement. Qui fe perfuadera que toutes les rares qualités de l'ef-

prit,

prit, comme le jugement, la mémoire, les fciences, ne font duës qu'au choc des atomes?

55. Quand je confidére la perception & la volonté, je ne vois aucun rapport avec l'étenduë & le mouvement. Les qualités de l'efprit peuvent donc éxifter féparément de celles du corps. Mais Locke a dit que Dieu pouvoit les unir : je demande fur quel principe il affure cela? C'eft, dit-on, fur la toutepuiffance du Créateur. Mais connoît-on affés la nature du corps & celle de l'ame, pour favoir s'il n'y a pas une répugnance effentielle à ce que la matiére penfe ? Cela fe peut affurément ; & alors on n'offenfe point la toutepuiffance en difant qu'elle ne peut pas joindre la penfée à la matiére,

pas

pas plus que fi on affuroit que Dieu ne peut pas faire une montagne fans vallée. Je n'apperçois aucune raifon qui me porte à croire que la matiére puiffe penfer ; fur quel fondement Locke affure-t-il que cela eft poffible ? Il faudroit que nous connuffions parfaitement la nature des êtres, pour prononcer qu'il ne répugne pas qu'un corps puiffe penfer : mais le philofophe Anglois eft bien éloigné de le croire, puis qu'il affure que nous ne connoiffons pas entiérement la nature du corps & de l'efprit. Selon lui, nous ne pouvons en découvrir que quelques propriétés. Je ne fai quelle vuë il avoit quand il a mis en doute fi la matiére pouvoit penfer, mais il a certainement très-mal fait. Par-là il a donné occafion à fes fecta-

teurs

teurs plus hardis que lui, de prononcer hardiment que l'ame étoit matérielle. C'eſt une chymére que Cuentz a voulu réaliſer, auſſi bien que tant d'autres écrivains modernes. C'eſt en partant de-là qu'on s'eſt avancé juſqu'à dire que l'ame périſſoit avec le corps. Qui auroit deviné qu'un mot hazardé, auroit enfanté autant d'opinions qui renverſent toute réligion?

56. On ne juge de la diverſité des objets que parce qu'ils offrent des idées différentes. Nous n'avons d'idées claires que des qualités. On doit donc conclure que quand deux ſujets nous préſentent des idées différentes de leurs qualités, ces deux ſujets différent entre-eux. Dans l'eſprit nous voyons l'entendement, la volonté, la liberté,

té, la mémoire, &c. Dans le corps on apperçoit l'étenduë, la divifibilité, le mouvement, le repos, la figure &c. Or je prie qu'on me dife de bonne foi quelle liaifon, quelle affinité, on remarque entre les qualités du corps & celles de l'efprit. On n'en découvre aucune. Je concluerai donc que ces deux êtres font entiérement diftingués : car ce n'eft que par les différentes propriétés que nous connoiffons dans les êtres, que nous jugeons qu'ils font différens. C'eft ce qui nous fait dire que le marbre n'eft pas du bois. &c.

57. Il y a lieu de douter qu'on parle férieufement, quand on dit que la matiére peut penfer. Y a-t-il la moindre vraifemblance qu'un morceau de matiér puiff

puiſſe avoir toutes les connoiſſances humaines ? Un bloc de
pierre aura-t-il en ſoi des idées
auſſi ſublimes que Descartes &
Newton ; connoîtra-t-il auſſi
parfaitement ce que ces deux
hommes fameux ont découvert
dans le méchaniſme des cieux ?
N'eſt-ce pas débiter le plus révoltant des paradoxes, que d'o-
ſer ſoûtenir que la matiére peut
former des plans, inventer,
perfectionner les arts & les
ſciences ? Ce qui penſe en nous
annonce un principe immatériel,
& une oppoſition totale avec
la nature corporelle.

58. Bayle étoit certainement
philoſophe : voici ce qu'il dit touchant le ſentiment de Dicearque,
qui croïoit que l'ame qui ſent
& qui penſe en nous, n'eſt que
le corps même, figuré d'une

N

cer-

certaine maniére. Cette opinion n'eſt pas digne d'un philoſophe. C'eſt n'avoir point de principes que de raiſonner ainſi. Si un corps eſt capable de douleur, lorſqu'il eſt placé dans les nerfs, il l'eſt auſſi dans quelqu'autre endroit qu'il ſe trouve, ou dans les pierres ou dans l'air. Et ſi un atome étoit une fois deſtitué de toute penſée, il paroît très-impoſſible que ſa converſion dans cette ſubſtance que l'on nomme eſprits animaux, le rendit jamais penſant. Cela paroît auſſi impoſſible, que de donner une préſence locale, à un être qui auroit été quelque tems ſans cette préſence locale. Ainſi, pour raiſonner conſéquemment, il faut établir, ou que la ſubſtance qui penſe, eſt diſtincte du corps, ou que tous les corps ſont des ſubſtances qui penſent. C'eſt

C'eſt ainſi que ce rare génie raiſonnoit. Mais qui pourra jamais ſe perſuader que chaque grain de ſable eſt une ſubſtance qui penſe? Un homme qui me dira qu'il le croit, ne paſſera jamais chés les gens raiſonnables que pour un menteur, ou un cerveau démonté.

59. Locke a dit que par les lumiéres naturelles de la raiſon, on ne pouvoit démontrer que Dieu ne pouvoit joindre la penſée à une certaine quantité de matiére, diſpoſée comme il voudroit. Quand cela ſeroit ; où nous conduiroit ce doute? Ne diroit-on pas mieux, ſi on défioit tous ces prétendus philoſophes, de fournir la moindre preuve qu'il éxiſte une matiére penſante. Tout ce qu'ils ont écrit en faveur de leur opinion,

ne

ne prouve rien ; comme on le montrera en diſcutant ce que Cuentz a ramaſſé avec autant de peine que d'inutilité. Nous avons pour notre deffenſe la révélation, & le ſentiment intérieur, qui forment un rempart qu'on ne forcera jamais. Ce qu'on nous oppoſe n'eſt qu'une miſérable copie d'Epicure ; qui étoit un pauvre philoſophe. Il eſt avoüé que ce qu'il a avancé ſur le mouvement de ſes atomes eſt abſurde. Tel eſt le maître des matérialiſtes. Il n'eſt rien de plus conforme à la raiſon, que de croire que l'ame eſt une ſubſtance ſimple, qui ne peut naturellement périr, ni être diviſée.

60. Le précis des objections des Epicuriens contre l'immatérialité de l'ame, ſe réduit à dire qu'on

qu'on ne comprend pas comment elle peut avoir aucune senfation, ni aucune perception, lorfqu'elle eft féparée du corps; puifque le corps eft évidemment le fiége de tous les organes des fens. Mais comprennent - ils mieux, ou peuvent-ils mieux expliquer comment l'ame, tandis qu'elle eft dans le corps, eft capable de recevoir des fenfations, & des perceptions, par la voie des organes des fens ? favent-ils bien pourquoi le feu fait plaifir quand on en eft à une diftance proportionnée, & pourquoi il caufe une douleur très-vive, fi on s'en approche de trop-près ? D'ailleurs cette objection, qui n'eft fondée que fur l'ignorance de ceux qui la font valoir, eft précifément la même que celle qu'un aveugle né pourroit employer, pour

N 3

prou-

prouver qu'il n'y a aucun homme qui puiſſe avoir la perception de la lumiére, ou des couleurs: ce qui feroit un pitoïable raiſonnement.

De la diſtinction de l'ame & du corps.

I. QU'on faſſe attention à la nature de notre corps, on verra aiſément qu'on ne peut le confondre avec notre ame. En effet qu'eſt-ce que le corps humain ? Un inſtrument mû par ſes nerfs, au moyen des eſprits qui agiſſent dans le cerveau, & y forment des traces, par lesquelles l'ame reçoit des images des objets, d'où naiſſent nos perceptions. Tout ce que nous ſentons à l'occaſion

des

des corps, font feulement des modifications de notre ame, & ne peut être attribué au corps. Les agitations que le corps produit dans l'ame par fes mouvemens, font foumis à fa volonté, quand il lui plait de faire agir fa liberté. Quelque impreffion qu'un corps puiffe faire fur mon efprit, pour folliciter ma volonté à fuivre fon attrait, je fens que je fuis toujours le maitre de m'y livrer, ou de m'en éloigner.

2. La force de l'ame fe fait fentir principalement dans les martyrs. On les preffoit vivement de quitter le Chriftianifme; les promeffes les plus féduifantes n'étoient point épargnées: quand elles étoient inutiles, on employoit les tourmens les plus affreux, leur rigueur n'ébranloit

 pas

pas la fermeté de ces grandes
ames, qui livroient leurs corps
à la mort pour conferver leur
foi. Ceci paroît décifif : car fi
tout l'homme n'étoit que matiére, malgré le penchant très-
vif que nous avons pour éviter
tout ce qui peut nuire à notre
corps, & tout ce qui peut caufer la diffolution de fes organes ;
je demande comment il eft poffible que ce corps qui nous eft
fi cher, fe livre volontairement
aux tourmens, à la mort-même ?
Il faut néceffairement reconnoître que cela vient d'un être
qui eft entiérement diftingué
de ce corps. Mais quel eft cet
être, finon l'ame, un être immatériel ?

3. On applique à la torture
un criminel pour lui faire avoüer
un meurtre qu'il a commis.
Pour-

Pourquoi les tourmens ne lui font-ils pas confeſſer ce qu'on demande de lui ? Qu'il ne ſoit qu'un être purement matériel, un automate, il eſt ſûr qu'il dira ce qu'on veut : mais s'il a une ame, ſans le commande-ment de laquelle il ne parlera pas : je conçois alors qu'un eſ-prit doüé d'une grande force, peut s'élever au deſſus des tourmens, & qu'on ne lui ar-rachera jamais ce qu'il ne veut pas révéler. On a des éxemples d'une pareille fermeté, qui eſt inconcevable, ſi on ne recon-noît la diſtinction qui éxiſte entre l'eſprit & la matiére. Tous les hommes aiment la vie & leur conſervation ; ils fuïent naturellement tout ce qui peut y être nuiſible. Pourquoi un officier brave, affronte-t-il un péril certain & inévitable ? S'il

 n'én'étoit que matiére, il fuiroit ; mais ayant une ame qui chérit la gloire plus que la vie, il s'expofe, & la pert fur une bréche. On ne peut expliquer cette action, & tant d'autres, qu'en ayant recours à un principe fpirituel, entierement diftingué de tout être corporel.

4. Rien de ce que nous fentons n'éxifte proprement au dehors. La chaleur comme nous l'éprouvons, n'eft pas dans le feu, c'eft une modification de mon ame. L'œil ne voit point les couleurs, c'eft mon ame qui les apperçoit. Le corps ne fent point la douleur, elle n'eft fenfible qu'à l'ame. Nous ne fentons, nous ne connoiffons que ce qui eft en nous, & nous participons par toutes ces idées fpirituelles

à

à la spiritualité de notre auteur. Dieu par des impreſſions extérieures offre des objets immatériels, à notre ame immatérielle. Quelle ſurpriſe n'éprouve pas la raiſon, quand nous connoiſſons que les images que le corps tranſmet à l'ame, qui ſont proprement nos idées, tout ce que nous ſentons, tout cet univers, les cieux, la terre, les mers, ne ſont qu'en nous-mêmes ſans aucune matiére ; que tous ces ſentimens ſi variés que nous en avons, ſont ſeulement des modifications de notre ame, & n'apartiennent qu'à nous. Le corps & l'ame ſi étroitement liés, demeurent néanmoins ſéparés par leurs propriétés eſſentielles. Il ſe fait un perpétuel commerce de mouvemens dans le corps, & de perceptions dans l'ame, par où l'on eſt certain

de

de leur union, quoiqu'elle demeure toujours inexplicable. C'eſt un myſtére réſervé à celui qui en eſt l'auteur.

5. Tout ce que les corps font ſur nous ſe réduit à quelque impreſſion cauſée par le mouvement, & d'où réſulte une ſenſation dans l'ame : mais croira-t-on qu'un ſimple mouvement puiſſe produire une ſenſation, qui n'eſt autre choſe qu'une penſée ? Imaginera-t-on qu'une boule miſe en mouvement a une ſenſation, ou une penſée ? Ce qui ſeroit vrai néanmoins ſi le mouvement étoit la cauſe de la penſée.

6. On nous dit que l'union de l'ame avec le corps eſt une choſe qu'on ne peut concevoir. Si l'ame n'a point de parties, com-

comment la matiére qui n'eſt qu'un compoſé de parties peut-elle être unie à cette ame, pur eſprit ? Quand on prétend qu'il y a cette union entre le corps & l'ame, on ne veut pas faire entendre que ces deux êtres ſe touchent, ainſi qu'il arrive à deux corps qui ſont joints enſemble. Non: l'union, terme conſacré par l'uſage, de l'ame avec le corps, ſignifie ſeulement que par la volonté du Créateur l'ame eſt préſente par ſon action à tout le corps en général, & à chacune des parties de ce même corps: & que ce corps venant à reſſentir une impreſſion quelconque, l'ame par ſa préſence en eſt avertie, la connoît & la ſent. Il n'eſt pas éxact de dire que le corps agit ſur l'ame; car la nature de tout corps étant d'être paſſive, le le corps conféquemment ne peut avoir d'action qui lui appartienne. Comme il importe à l'ame de connoître les mouvemens éxcités dans fon corps, afin d'éviter ce qui peut lui nuire, & de rechercher ce qui lui eft utile; Dieu a voulu que cette ame connût ce qui arrive à fon corps par les mouvemens externes.

7. Avancer que la matiére peut penfer, être libre; c'eft fe joüer des hommes: ceux qui le difent ne le croient pas. Quelle eft l'idée que nous avons de la matiére? Nous concevons une fubftance étenduë, folide, divifible, & capable d'être mife en mouvement. Mais toutes ces propriétés ont-elles le moindre rapport, la moindre connéxion avec la penfée, & le

fen-

ſentiment ? Peut-on croire que la pénétration, la prudence, &c. réſultent d'un amas de parties matérielles, diſpoſées d'une façon quelconque ? Qui oſeroit dire que les plus beaux ouvrages des Poëtes, des Matématiciens, &c. ne ſont dans le cerveau qu'un aſſemblage de parties rondes, quarrées, triangulaires, &c ? Qui ſouffriroit un langage auſſi abſurde ? Si le raiſonnement n'eſt que l'effet du mouvement des parties de la matiére, il faut que ce mouvement lui ſoit imprimé par un agent diſtingué d'elle ; car il eſt ſans exemple qu'un corps ſe ſoit jamais mis en mouvement de lui-même. Il y a donc un premier moteur, diſtingué de la matiére, c'eſt Dieu. Or nous n'avons l'idée que de deux ſortes d'êtres, eſprit & corps : Dieu

n'eſt

n'eſt point corps, comme on l'a montré, c'eſt donc un eſprit, une ſubſtance immatérielle. Que ſi on vouloit que ce premier moteur ſoit lui-même matiére ; il faudra convenir qu'il a donc dû recevoir le mouvement d'ailleurs, & ainſi à l'infini : ce qui eſt une abſurdité manifeſte. Conſéquemment la matiére ne ſauroit penſer, l'ame eſt donc une ſubſtance réellement diſtinguée de la matiére, c'eſt un eſprit.

8. Le matérialiſme fait de l'homme une pure machine : ſi cela étoit vrai ; je demande qu'on me diſe pourquoi cet être qui n'eſt que matiére a des goûts & des inclinations ſi différens. L'un aimera l'eau-roſe, la roſe le fait tomber en convulſion : un autre a beſoin de fortes mé-

médecines, pour être purgé, qu'il entre dans la boutique d'un Apoticaire il le fera fuffi-famment. On en a vû qui par méprife avalloient un verre d'eau pure, croyant prendre une médecine, ont été purgés violemment par un effet de l'imagination. Tel réfiftera à l'émétique, que la fimple pouf-fiére des livres purgera forte-ment. La matiére agit régu-liérement fur une autre matiére, il y a des loix invariables : pour-quoi donc remarque-t-on tant de diverfité quand fon action fe fait fur le corps humain ? On ne peut en rendre raifon qu'en reconnoiffant en nous un principe penfant, diftingué de la matiére. On a mil exemples où l'imagination a fait faire au même reméde des effets tout oppofés. Combien de femmes

O   groffes,

groffes , par un defir déreglé ,
ont mangé impunément des
chofes qui leur auroient nuit
confidérablement , dans une
autre fituation ?

9. Si au contraire on recon-
noît que notre corps eft uni à
un efprit qui agit fur lui, on
conçoit alors que ce corps ne
reçoit pas fi paffivement l'action
des autres corps, qu'il ne l'al-
tére fouvent & ne la change
confidérablement : auffi les Mé-
decins habiles examinent avec
foin les paffions, le caractére
& les fituations d'efprit de leurs
malades. Ils favent par une
expérience journaliére que l'efprit influë dans le méchanifme
du corps humain. Une fimple
fiévre fe guérit aifément dans
un fujet dont l'efprit eft tranquille ; s'il a des affaires fa-
cheufes

cheufes qui l'affectent vivement, ce mal , peu dangereux pour l'ordinaire, peut devenir mortel , comme on en a tant d'exemples. Ceci eft inexplicable dans l'hypotéfe de l'homme machine, comme l'a ridiculement imaginé la Mettrie.

10. Que veut-on dire quand on affure que la feule difpofition des parties peut rendre la matiére penfante ? Des rouës arrangées d'une certaine façon indiquent les heures avec juftelfe, foit : mais qu'eft-ce que cet arrangement ajoûte à l'effence de la matiére ? La rend-elle fenfible , connoît-elle pour cela ce qu'elle fait ? Qui s'eft jamais imaginé que fa montre étoit doüéé de connoiffance? Difpofés donc la matiére de telle façon que vous voudrés , vous

O 2

n'en

n'en ferés jamais que de la matiére figurée de telle ou de telle façon, fans pouvoir la rendre penfante : car les modifications ne changent point l'effence. Si la matiére de non - penfante qu'elle étoit, venoit à penfer par une nouvelle difpofition de parties, fon effence feroit changée, puifqu'elle deviendroit un être penfant, n'aïant pas penfé auparavant.

11. On ne peut concevoir, nous dit-on encore, comment l'ame qui n'a point de parties, peut agir fur fon corps, qui n'eft qu'un compofé de parties. Mais conçoit-on mieux comment Dieu, qui eft efprit, agit fur la matiére ; c'eft pourtant un fait certain ? Pourquoi Dieu n'a-t-il pas pû donner à l'ame la faculté d'agir fur fon corps, & par lui

fur

fur les autres? Le corps eft purement paffif, il ne peut agir fur un autre; il y a de l'action dans le monde, elle eft donc l'effet d'une caufe fpiri-tuelle, puifque la matiére ne peut produire cet effet. Il n'eft pas plus difficile de concevoir l'action de l'ame fur le corps, que de concevoir que l'ame agit fur elle - même, en repliant, pour ainfi dire, fes penfées. Nos fens femblent nous dire qu'un corps communique du mouvement à un autre, c'eft un pur préjugé, que la raifon diffipe fans peine. La matiére étant paffive & fans connoiffance, s'il n'y a point d'efprits diftin-guées d'elle, de quelle utilité feroit tout l'ordre & l'arrange-ment qu'on voit dans le monde? A quoi nous ferviroient les corps, fi notre volonté ne pouvoit agir

O 3

fur

fur eux ? Si tout eft matériel, l'homme fera fans action, & fans mouvement, ainfi que tout ce qui eft matiére. Il faut donc reconnoître que l'efprit eft actif, fans quoi tout rentre dans le cahos, & dans une inertie totale.

12. Quelques matérialiftes pour nous développer leur penfée fe fervent de l'éxemple d'une pendule, qui par l'harmonie & la difpofition de fes parties indique les heures, ce qu'elle ne faifoit pas avant fon organization. De même la matiére ne devient penfante que par une certaine difpofition, un certain arrangement, poffible au Tout-puiffant. On fera toujours en droit de demander fi toutes & chacunes des parties penfent, ou s'il n'y en a qu'une. Que fi on dit qu'elles penfent toutes ;

con-

conféquemment dans une pouce de matiére il y aura un million d'êtres penfans : ce qui eft vifiblement abfurde. Outre cela ; ce qui feroit connu d'une partie, ne le fera pas d'une autre. Si l'on répond qu'il n'y a qu'une feule partie qui penfe ; on demandra par quel privilége particulier elle a cette faculté au deffus des autres : on voudra favoir quelle eft cette partie qui penfe. On pourroit faire cent autres queftions auffi embaraffantes, auxquelles on ne répondra rien de raifonnable, parce que la fuppofition des matérialiftes n'eft qu'une chymére fans le moindre fondement.

13. Le matérialifme eft plus fécond en objections qu'en preuves. Comment fe peut-il que l'ame agiffe fur le méchá-

nifme

nifme de fon corps, puifque la plûpart des hommes ne le connoiffent pas? Il fuffit que Dieu ait voulu que le fimple acte de la volonté foit fuivi de l'éxécution, pour qu'elle ne manque pas. L'ame n'a pas befoin de connoître le détail de l'organization de fon corps, pas plus qu'il eft néceffaire qu'un organifte connoiffe toute la méchanique des piéces, qui compofent l'admirable inftrument dont il tire des airs fi variés & fi favans.

14. On oppofe que le corps agit fi impérieufement fur l'ame, qu'il l'entraine ; ce qui montre qu'on ne peut douter qu'il n'ait de l'activité. Je reçois une lettre qui m'annonce une facheufe nouvelle, qui m'attrifte : dira-t-on que cette lettre a de l'activité? Le Créateur a voulu

qu'à

qu'à l'occasion de certains mouvemens imprimés au corps,
l'ame reſſentit du plaiſir ou de
la peine ; mais cependant cette
ame eſt toujours la maîtreſſe de
ſe refuſer ou de ſe livrer au
plaiſir : c'eſt en cela que conſiſte
ſa liberté. D'où vient donc
que les ſens nous entrainent ſi
ſouvent à agir contre notre devoir ? C'eſt que nous ne voulons
pas le ſuivre ; car il eſt de fait
que rien ne peut contraindre
notre volonté, & il ſera toujours
vrai que nous ne faiſons que
ce que nous voulons. Il faut
entendre cela d'une volonté
ferme & entiére ; car ſouvent
on a de foibles volontés de faire
une choſe qui reſte ſans éxécution : mais alors ce n'eſt pas une
véritable volonté, mais plûtôt
de foibles deſirs. L'ame com-
mande au corps, il obéït ; mais
O 5 l'ame

l'ame ne fait jamais que ce qu'elle veut : & ſi elle ſuit les impreſſions des ſens, c'eſt qu'elle s'y livre librement. Sans liberté rien n'eſt digne de blâme ou de loüange, c'eſt elle qui caractériſe le bien ou le mal.

15. En vain le matérialiſte s'obſtine à objecter que nous ne connoiſſons pas aſſés les propriétés de la matiére, pour décider qu'elle eſt incapable de penſer. Quand on conviendroit que la matiére peut avoir des propriétés inconnuës, il eſt néanmoins certain qu'elle eſt étenduë, & par cela même, je vois évidemment que la penſée ne peut lui convenir. Tout ce qui eſt dans la matiére eſt néceſſairement étendu ; ſi donc il y avoit de la penſée dans la matiére, cette penſée auroit de l'ex-

l'extention : elle feroit divifible par conféquent. Mais on a fait voir que cette doctrine étoit abfurde. Il n'eft donc pas néceffaire que je connoiffe toutes les propriétés de la matiére, pour prononcer qu'elle ne peut jamais avoir la faculté de penfer. Je vois une impoffibilité d'affocier l'étenduë avec la penfée, ce qui fuffit pour renverfer le matérialifme. La caufe des matérialiftes ne devient pas meilleure, en difant qu'on n'attribuë pas la penfée à toute matiére quelconque, mais à une matiére très-déliée & arrangée d'une certaine façon. Je demande fi cette matiére, quelque mince qu'on veüille la fuppofer, eft étenduë. Il faut bien en convenir. Donc elle ne peut penfer, ainfi qu'on l'a démontré. Un atome a des

par-

parties proportionnelles, comme la maſſe la plus groſſe.

16. Quand on nous dit que nous ne connoiſſons pas aſſés la matiére pour être aſſurés qu'elle ne peut penſer : il ſeroit moins abſurde d'avancer que nous ne connoiſſons pas aſſés l'eau ni le feu, pour refuſer à l'eau la propriété de bruler, & au feu celle de rafraichir. Seroit-il plus ridicule de faire penſer une montre qui ſonne les heures, lorſque ſon timbre reçoit les coups du marteau, que de faire penſer une partie quelconque du corps humain, lorſqu'elle reçoit les coups des eſprits animaux. Le matérialiſte anatomiſe le corps humain ; il éxamine la moële de notre cerveau, les nerfs qui y aboutiſſent, & prétend y découvrir

no-

notre ame. J'aimerois autant qu'il fit l'anatomie d'une plante, pour y trouver un être penſant caché dans ſa moële environnée de tous ſes vaiſſeaux. Cette ſeconde opération ne ſeroit pas plus ſenſée que la premiére.

17. On ne ceſſe de nous faire des queſtions : comment l'ame peut-elle agir ſur le corps, & réciproquement, étant des ſubſtances différentes. Mais je demande quelle liaiſon y a-t-il entre un mot qui n'eſt qu'un ſon, un caractére, qui n'eſt qu'une figure tracée ſur un corps, & la penſée ? Il eſt néanmoins d'expérience qu'une parole, ou un mot écrit, forme en nous une idée. On peut ignorer la façon dont la choſe ſe fait, ſans qu'on puiſſe douter de ſa réalité. C'eſt donc une

mau-

mauvaife difficulté qu'on propofe par ce *comment*. Nous l'ignorons ; il n'eſt pas moins réel pour cela. Dieu ne peut-il faire que ce dont nous pouvons rendre raiſon ? Son pouvoir feroit bien borné.

18. Toutes les parties de la matiére ſont féparées. Il eſt vrai qu'elles ſont placées l'une proche de l'autre ; mais l'une n'eſt pas l'autre : elles peuvent être conçuës , elles peuvent éxiſter féparément. Or ce qui eſt un & fimple, comme la penſée , ne peut ſubſiſter dans des êtres féparés. La penſée ne peut donc appartenir à la matiére, fans être identifiée avec elle. Ce qui penſe en nous n'eſt ni le pied ni la jambe, puifqu'on peut les couper fans que pour cela nous ceſſions de

pen-

penfer : Si l'ame eft un corps organizé joint à notre corps groffier , ce tout ne fera jamais qu'un corps uni à un autre, & rien de plus; ce qui ne formera jamais un être-penfant.

19. Si la matiére avoit en elle-même le principe de fon mouvement, il lui feroit effentiel, ou elle pourroit paffer du repos au mouvement. Or il ne lui eft pas effentiel, car il n'y auroit aucun corps en repos. On ne peut pas dire non plus que la matiére peut fe donner le mouvement ; puifqu'elle fe donneroit ce qu'elle n'a pas, ce qui eft impoffible. Si la matiére fe donnoit le mouvement, ce feroit librement ou néceffairement. Le premier ne peut fe foûtenir, car la matiére n'a ni connoiffance ni liberté.

Sup-

Suppofé que le mouvement vienne de la néceffité; alors le repos eft impoffible: ce qui .eft abfurde.

20. Voici encore une difficulté : comment concevoir qu'un efprit puiffe agir fur la matiére ? C'eft un fait ; contre lequel on ne peut former d'objection raifonnable. Il vous fera toujours auffi difficile de comprendre que l'ame agiffe fur les efprits animaux qui remuënt les membres, que de croire qu'ils remuënt immédiatement la jambe ou le bras. Ne croira-t-on jamais que le Créateur s'eft refervé des fecrets que lui feul peut connoître ? L'homme ne fe convaincra-t-il pas une bonne fois des bornes étroites de fon intelligence ? Le plus petit atome peut les lui faire connoître, &

il

il a la préfomption de vouloir tout comprendre, & de raifon- ner fur des chofes qui furpaffent infiniment la portée de la foi- ble vuë. Vous remüés la main au gré de vos defirs, pouvez-vous douter de l'empire de votre ame fur votre corps ? Le *comment* vous eft caché, he ! combien d'autres chofes n'ignorez-vous pas ? Votre efprit eft borné, il eft fini ; voilà la fource de vo- tre ignorance.

21. Mais, dira-t-on, l'ame fuit en tout les affections du corps : elle eft foible dans la maladie, elle radote dans les vieillards, &c. Ne peut-on pas croire qu'elle périt quand le corps ceffe d'ê- tre vivant ? On ne fauroit dif- convenir que l'union de l'ame & du corps ne foit un myftére, qui ne vous eft pas bien con-

P   nu ;

nu ; je vois bien les fuites de cette union, mais le *comment* eft un fecret, qui eft caché fous un voile épais. Deux êtres peuvent être intimement unis, ils ne deviennent pas pour cela une même chofe ; ils gardent toujours leur diftinction : ainfi l'ame étant diftinguée du corps, elle peut fubfifter, tandis que celui-ci fe diffiperoit. Mais outre cela, il n'eft pas vrai que l'ame fuive en tout les affections du corps ; elle fait maîtrifer fes paffions, les calmer, les appaifer. Si le corps demande des chofes que l'ame fait lui être nuifibles, elle les lui refufe. Le corps au contraire obéït toujours, felon l'étenduë de fes facultés. L'ame a tous les caractéres de fupériorité fur le corps. Dans l'enfance les organes font trop moûs & trop obtus ; dans

les

les maladies & la vieilleſſe, ils
ſont trop dérangés & trop ap-
péſantis, pour ſe prêter à l'a-
me & lui obéïr. Le meilleur
artiſte ne fera rien que d'im-
parfait avec de mauvais inſtru-
mens.

22. Si l'on s'obſtine à vouloir
que la matiére ſoit ſuſceptible
de penſée, il n'eſt pas douteux
que cette propriété n'eſt pas
dans la pierre, ni même dans
une plante. Ce ne pourra être
tout au plus qu'une matiére organizée, qui ſera ſuſceptible de
penſer, telle que ſeroit le cerveau
de l'homme, & des animaux.
En quoi conſiſte l'organization?
Dans un certain arrangement
des parties de la matiére: mais
de cet arrangement, il n'en ré-
ſultera jamais que diverſes figures, & divers mouvemens. Or

 la

la penſée n'eſt ni figure ni mouvement ; ni n'en peut être l'effet. La penſée n'a donc pas la
matiére pour cauſe : elle eſt donc
produite par un être qui en eſt
diſtingué. Cette cauſe poſſéde
donc cette perfection plus parfaitement que nous, cet être
penſant eſt Dieu - même , qui
penſe par ſoi, & qui eſt la ſour-
ce de toute intelligence.

23. Direz-vous encore que ce
qui penſe en nous eſt matiére :
je demande ſi cette partie penſante eſt en repos ou en mouvement ? Si elle eſt en repos,
comment peut-elle mouvoir les
autres parties du corps ? On ne
peut donner ce qu'on n'a pas.
La ſuppoſez - vous en mouvement, elle doit donc mouvoir
ſans ceſſe ces mêmes parties :
ce qui eſt contre l'expérience.
Con-

Concevez, si vous le pouvez, comment le mouvement peut produire en nous de la douleur, du plaisir, &c. Comme il peut faire naître des idées, des vouloirs, &c. Nos volontés bien loin d'être l'effet du mouvement, en font la cause. Pourquoi remuai-je mon bras, sinon parce que je le veux ?

24. La pensée est indivisible : vous ne pouvez concevoir la moitié d'une affirmation, d'une négation, d'un raisonnement : or la matiére est essentiellement divisible; la pensée n'appartient donc pas à la matiére. La pensée n'est point étenduë. Elle seroit figurée, si on le supposoit. Mais la matiére est essentiellement étenduë, figurée; donc la pensée n'appartient point à la matiére. Vous me direz, peut-

 être,

être, qu'il n'eſt pas impoſſible que la penſée ſoit un mode de la matiére, tel qu'eſt le mouvement, qui n'eſt point étendu. Vous ſeriez bien mauvais philoſophe, ſi vous penſiés qu'un mode puiſſe éxiſter hors de ſon ſujet. Un mode n'eſt que la choſe conſidérée d'une telle ou telle façon. Le mode n'eſt que le ſujet conçu dans un certain état. On ne peut concevoir un mode ſans rapport au ſujet dont il eſt mode ; on conçoit la penſée ſans aucune relation avec la matiére ; la penſée n'eſt donc pas un mode de la matiére. Au contraire on ne peut concevoir le mouvement ſans la matiére muë. Car qu'eſt-ce que le mouvement, ſinon le changement ſucceſſif de poſition d'un corps ? Il eſt vrai que le mouvement n'eſt pas la matiére, mais il participe

ticipe néanmoins à toutes fes propriétés, parce qu'il n'eft que la matiére muë. Je dois remarquer en paffant que c'eft parler très - improprement que d'attribuer du mouvement à un efprit ; c'eft un être fimple, qui n'a aucun rapport d'éloignement ou de proximité avec les corps.

25. Si on veut regarder l'efprit par rapport au mouvement, c'eft en le confidérant comme une caufe des mouvemens libres de notre corps ; nous les produifons quand il nous plait. La matiére qui n'eft que paffive, n'a point en foi le principe du mouvement, d'où il fuit clairement que l'efprit eft un être diftingué de la matiére. Croira-t-on férieufement que ce n'étoit qu'une portion de matiére qui a découvert les fublimes con-

noif-

noiſſances dont on eſt redevable au célébre Newton? Comment a-t-on pû avancer que la
matiére, qui par elle-même ne
penſe pas, peut devenir penſante, ſi elle eſt miſe en mouvement? Les partiſans de cette
opinion ne mettent pas la penſée dans tout notre corps; ce
ne peut donc être que dans un
petit eſpace du cerveau, dans le
corps calleux, par exemple.
Mais je demande: cette matiére
penſante eſt compoſée d'un ou
de pluſieurs atomes. Si c'eſt le
dernier; la penſée eſt diviſible:
ſi elle réſide dans un ſeul atome, elle eſt étenduë. Or rien
n'eſt plus abſurde qu'une penſée diviſible, ou étenduë.

26. On nous ſoûtient qu'il eſt
poſſible que la penſée vienne
d'un corps organiſé. Il ſuffit de
re

remarquer que le mouvement d'un corps organiſé, ne différe des autres mouvemens que parce que les combinaiſons ſont plus multipliées. Si l'automate de Vaucanſon, qu'on a vû à Paris jouër douze airs de muſique ſur une flûte, en avoit joué mille par l'augmentation des reſſorts : Eſt-il quelqu'un aſſés ſtupide pour croire que cette machine auroit aquis le don de penſer ? Qu'on augmente ces reſſorts tant qu'on voudra, qu'on les combine de toutes les façons imaginables ; cet automate ne ſera jamais que matiére, & ne deviendra pas un être penſant, parce que la penſée ne peut ſortir du mouvement. Le principe de la penſée ſera toujours néceſſairement diſtingué de la matiére.

27. Un habile Philosophe *
moderne, a cru qu'on pouvoit
mieux satisfaire aux difficultés
des matérialistes, en accordant
à l'ame une sorte d'étenduë propre aux esprits. On verra si on
peut tirer quelque avantage de
ce sentiment, sur lequel je fe-
rai quelques réfléxions. Au reste ce n'est pas une nouvelle
découverte, Dagoumer avoit
adopté cette pensée dans sa philosophie ; On ne l'a pas jugé
dangereuse, puisque son ouvrage a été imprimé à Paris avec
approbation ; ce qui ne seroit
pas arrivé si cette opinion avoit
eu de l'opposition avec la saine
doctrine. On connoit assés la
délicatesse de nos censeurs, quand
quelque chose choque tant soit
peu la religion. Je vais rapporter les sentimens de Mr. de
St. Hyacinthe. 28.

---

* Mr. de St. Hyacinthe.

28. Descartes quoique grand Philofophe, s'étoit entêté de deux fauſſes idées, en faiſant conſiſter l'eſſence de l'ame dans la penſée, comme celle de la matiére dans l'étenduë. Qui n'a pas éprouvé que dans la pâ-moiſon, ou pendant un ſommeil profond & tranquille, l'on ne penſe pas; car on n'a aucune idée, mais n'avoir aucune idée & ne pas penſer, c'eſt la mê-me choſe. L'ame a la faculté de pouvoir penſer, ſans qu'elle penſe toujours. L'autre erreur de Descartes étoit de ne recon-noître d'autre étenduë que celle de la matiére; il eſt bien cer-tain néanmoins que le vuide eſt étendu. On conçoit l'étenduë ſpatiale très-clairement. Ajou-tés que Newton a prouvé l'é-xiſtence du vuide, & ſa néceſ-ſité pour que le mouvement ſoit

poſ-

poſſible. C'eſt de ces deux erreurs qu'eſt peut-être venuë la
difficulté qu'on . a fait de recevoir l'union du corps & de l'a-
me ; car, dit-on, ce qui n'eſt pas
étendu ne peut être nulle part.
Si l'ame · n'eſt pas étenduë, elle
n'eſt pas dans le corps , & ces
deux êtres n'ont aucune union
entre-eux. Il auroit paré cet
inconvénient, s'il eut reconnu
que l'ame eſt étenduë, comme
il convient aux eſprits de l'être.
C'eſt refuſer l'éxiſtence aux êtres
ſpirituels, que de les vouloir pri-
ver d'étenduë. Tout ce qui eſt
éxiſtant, éxiſte quelque part ; or
ce qui n'eſt point étendu n'é-
xiſte nulle part, ce qui eſt autant que de ne point éxiſter.
Comment l'ame agiroit-elle ſur
le corps, ſi elle n'étoit en aucun lieu, & ſi elle ne lui étoit
pas unie ? L'autorité de Descartes

cartes a fait recevoir ce préjugé, que tout ce qui étoit étendu, étoit matériel ; préjugé dont les modernes font prefque tous re-venus.

29. Il me paroît que le fy-ftême qui donne de l'étenduë aux efprits a deux inconvénients. Le premier c'eft qu'il laiffe fub-fifter toutes les difficultés, & qu'on ne le conçoit pas. En ef-fet, qui eft-ce qui comprend ce que c'eft un efprit étendu? On pourroit donc le mefurer & fa-voir s'il a une toife de longueur & combien il a de pieds dans fes autres dimenfions. Une pa-reille idée n'eft pas faite pour être faifie par tous les efprits ; j'avouë fans peine que le mien n'y peut atteindre. Quand Des-cartes a fait confifter l'effence de la matiére dans l'étenduë, il

n'a

n'a entendu parler que d'une étenduë compofée de parties folides ; il n'en reconnoiffoit point d'autres, en cela il ne fe trompoit pas. On ne conçoit pas ce que c'eft qu'un efprit qui ne penfe point. La penfée lui eft donc effentielle. Si dans un profond fommeil on ne s'apperçoit pas, auffi vivement que dans la veille, des objets de nos idées, il n'eft pas moins certain que l'ame voit toujours fon éxiftence, ce qui eft une penfée. Les Cartéfiens foûtiennent que le vuide & le néant font une même chofe, & que ni l'un ni l'autre ne peut être répréfenté par une idée. Ils ne font pas embaraffés d'expliquer le mouvement dans le plein. On fuppofe trop-légérement la démonftration de l'efpace fpatial ; d'habiles gens ne regardent pas comme démontré

tré ce que Newton en a écrit. C'est encore une chose dont on ne convient point, que de prétendre qu'un esprit est dans un certain endroit. Il vaut mieux avoüer que nous ne connoissons pas comment l'esprit est uni au corps, que de vouloir expliquer cette union par une présence locale, sujette à bien des difficultés. Mr. de St. Hyacinthe suppose trop-facilement comme certain, ce qui peut très-raisonnablement être contesté. Suivons - le.

30. Quelqu'un fera cette difficulté : ne pouroit-on pas dire que Dieu soit étendu, puis qu'il ne répugne pas qu'un esprit ait une sorte d'extention qui lui est propre, & qui est entiérement différente de celles des corps ? Pour répondre à cela : je dis, que

Dieu

Dieu n'eſt nulle part, parce qu'é-
tant infini comme il eſt éternel,
il ne peut être borné par quelque choſe de plus grand que
lui, il ne peut occuper aucun
lieu; mais étant un être infiniment éxiſtant, il éxiſte en ſoi-
même dans ſon immenſité, qui
eſt l'étenduë divine, auſſi différente de toute autre étenduë,
que Dieu l'eſt de tous les êtres
qu'il a créés. Pourquoi l'être ſpirituel ſera-t-il donc privé d'étenduë? Si cette réponſe ne paroiſſoit
pas ſuffiſante à quelques perſonnes, il ſeroit très-ſimple de dire
que la nature de Dieu qui eſt infinie en perfections, eſt ſi fort au
deſſus de la foibleſſe de notre entendement, que l'on ne peut
aſſés la connoître pour prononcer ſurement ſur ce qui lui convient. On ne peut faire aucune comparaiſon du fini avec l'infini.

fini. Si une certaine étenduë convenoit aux esprits finis , je ne puis en conclure avec certitude qu'elle convienne aussi à Dieu.

31. Un aussi habile homme que Mr. de St. Hyacinthe a bien vû qu'en supposant les esprits étendus, on pouvoit aussi, par une suite naturelle, attribuer l'extention à la nature divine. Le pas étoit glissant & dangereux, il n'a osé trancher le mot. On sent son embarras à se tirer de ce défilé. Il s'enveloppe sous des expressions entortillées : Il en dit néanmoins assés. Qu'il nous dise nettement ce que c'est que l'extention propre à un esprit, différente de celle des corps. Voilà des mots qui ne me font naître aucune idée. Quand il ajoûte que Dieu n'est nulle part : je

Q   l'arl'arrête-là. Il eſt donc poſſible, lui dirai-je, qu'un eſprit ne ſoit nulle part. Pourquoi ne puis-je en dire autant de mon ame? Ce mot que la vérité lui arrache, renverſe tout ce qu'il dit dans la ſuite. C'eſt-ce qui paroîtra dans ces raiſonnemens futiles.

32. L'eſprit créé n'eſt point infini, il eſt donc quelque part, ou il n'eſt nulle part. Suppoſer un être fini qui n'eſt nulle part, c'eſt ſuppoſer une abſurdité : car il eſt contradictoire qu'on ſoit & qu'on ne ſoit pas, qu'on ſoit fini & qu'on ne ſoit pas borné, qu'on ſoit un être & qu'on ne ſoit pas dans l'univerſalité des êtres. S'il eſt quelque part, il occupe donc le lieu où il eſt, & ſi ſa ſubſtance eſt telle qu'il ſoit un être ſimple,

il

il ne fera pas borné, il eft vrai, par des parties terminantes; mais par l'être où il eft contenu, puis qu'il n'eft pas infini ; il occupera donc le lieu où il fera, & par conféquent aura une étenduë quelconque.

33. Tout ceci n'eft fondé que fur des mots équivoques, il fuffit de les développer pour montrer que ce Philofophe ne prouve rien. Quand on dit que l'efprit créé n'eft pas infini, on entend que fes proprietés ne font pas fans nombre, on peut les compter ; mais on ne prétend pas qu'il eft borné par des corps. Quand on foûtient qu'un efprit n'eft nulle part, on entend qu'il n'eft dans aucun lieu. Un être fimple n'a point de parties, & conféquemment il ne répond à aucunes parties du lieu,

 qui

qui ne peut être conçu que comme un eſpace qui a des parties.
Nous dirons volontiers que nous
ne connoiſſons pas aſſés la maniére d'éxiſter des eſprits ; nous
en ſavons néanmoins aſſés pour
aſſurer qu'un être ſimple, tel
qu'eſt un eſprit, ne peut être
borné par les parties d'un lieu
quelconque. Dieu éxiſte en ſoi,
comme on a été contraint d'en
convenir, il n'eſt dans aucun lieu.
Pourquoi n'a-t-il pû, proportion
gardée, accorder à un eſprit créé
d'éxiſter en ſoi, ſans être dans
aucun lieu ? Ce qui paroît donner de la force à cette réponſe,
c'eſt que la révélation nous apprend, que notre ame eſt faite
à la reſſemblance de Dieu.

34. Si l'ame avoit une étenduë quelconque, on ne pouroit
lui refuſer une figure ; or un
être

être actif ne peut avoir aucune figure déterminée. Tantôt l'ame est affectée par le plaisir, tantôt par la douleur. L'aversion, la haine, l'inquiétude, la tranquilité & une infinité de passions se font sentir dans sa substance. La flamme semble nous montrer quelque chose d'approchant, quoique dans un genre différent. On ne peut assigner aucune figure déterminée à la flamme, qui en change à chaque instant. Un être ne pouroit être actif s'il étoit solide, & s'il avoit une figure déterminée.

35. Voici une difficulté : l'ame & le corps sont unis ; mais un être privé d'étenduë ne peut en toucher un autre, ou en être touché : ainsi l'union de l'ame & du corps est une chose inconcevable. He bien ! quand on

ac-

accorderoit qu'on ne peut concevoir cette union, en feroit-
elle moins réelle, comme l'éx-
périence le prouve? L'homme
conçoit-il tout ce qui eft vrai,
rien n'eft-il fouftrait à fes connoiffances? Mais a-t-on bien démontré que le fiftême des caufes occafionelles n'eft pas vrai,
par lequel on explique fort bien
cette union de l'ame & du corps?
Eft-il impoffible que Dieu n'ait
fait une loi, par laquelle il donne à l'ame des fentimens à l'occafion des mouvemens du corps,
& réciproquement des mouvemens au corps, à l'occafion des
volontés de l'efprit. Perfonne
jufqu'ici n'a pû combattre effi-
cacement cette hipothéfe. Mais,
dit-on, on ne fait voir aucune
union par cette réponfe. Je réplique que cette union eft très-
réelle, mais telle qu'elle doit fe
trou-

trouver entre un efprit & un corps, & non comme de corps à corps. Ce feroit vainement qu'on voudroit poufler plus loin cette controverfe, · on l'arrête tout court en difant que la nature de cette union ne nous eft pas affés connuë pour la développer plus diftinctement. C'eft un fecret que Dieu s'eft réfervé, & que nos recherches ne découvriront jamais, non plus que tant d'autres chofes, qui font dans l'univers. Il faut favoir connoître le terme des connoiffances humaines, & n'aller pas au-delà.

36. L'hipothéfe des caufes occafionelles ne vous fatisfait-elle pas? Choififfés l'harmonie préétablie du fameux Leibniz, qui a cru trouver quelque chofe de mieux. Il compare le corps à

Q 4

une

une pendule, & l'ame à une autre, dont les mouvemens feroient
toujours d'accord entre - elles.
C'eft ici où a lieu cette parole
de l'Ecriture , Dieu a livré le
monde aux difputes des hommes. · Vous me direz que le fiftême de Leibniz ne vous donne pas l'idée d'une union telle
que vous la defirés ; que vous
ne voyez dans l'harmonie préétablie qu'une union morale, entre l'efprit & le corps ; peut-être
n'y en a-t-il pas d'autre , mais
cela ne vous paroît pas fatisfai-
fant ; il vous eft libre d'imaginer quelque chofe qui vous fa-
tisfaffe mieux. Soyez cependant bien affuré, que vous ne
parviendrez jamais fur cette queftion au point de n'avoir plus
d'obfcurité, fi vous la compre-
nez bien. Je le répéte, c'eft
un fecret qu'il n'eft pas donné

à

à l'humanité de comprendre clairement. Au refte nous n'y perdons rien, il nous a été donné de connoître tout ce qui nous eft utile & néceffaire, le refte ne pouroit fervir qu'à contenter une vaine curiofité.

37. Mais direz-vous, le délire, les aliénations d'efprit, la perte de la mémoire, les abatemens douloureux, les paffions, les diverfes façons de penfer dans la fanté & dans la maladie, dans l'agitation, ou dans la férénité ; font des phénoménes qui femblent montrer que l'ame n'eft pas différente du corps. Outre cela, l'efprit croît avec le corps, & il s'affoiblit avec lui. Comment ces phénoménes peuventils s'expliquer, en fuppofant que l'ame eft un être diftingué du corps ? Une comparaifon fimple

Q 5

appla-

applanit cette difficulté. Il y a une diftinction très-réelle entre le pilote & le vaiffeau qu'il gouverne : dans le calme le pilote eft tranquile ; dans la tempête, il éprouve toutes les agitations dont le vaiffeau eft tourmenté. Le vaiffeau peut fe brifer contre un écueil, & le pilote fe fauvera. S'il perit, il n'en fera pas moins un être très-diftingué du vaiffeau, qu'il gouvernoit. Leur union n'a pas confondu leur nature, quoique les impreffions aient été réciproques. Ceci eft aifé à développer, & peut facilement réfoudre la queftion propofée.

38. Il y a, dit-on, des imbécilles, des idiots dont l'ame paroît au deffous de celles de certains animaux bien-dreffés. Un homme n'eft tel, que parce que
fes

ſes organes ſont mal conformés.
Qu'un habile homme touche un
clavecin diſcord, il n'en tirera
que des ſons choquans l'oreille.
Le corps humain eſt une machine, ſi elle eſt mal montée,
l'ame ne peut en tirer que des
fonctions défectueuſes. Un chagrin violent peut rendre fou ;
mais que ce chagrin s'efface, on
revient en ſon bon ſens. Un
coup à la tête peut faire perdre
entiérement la mémoire, eſt-il
guéri, on la recouvre. Au reſte,
il eſt ridicule de juger de l'humanité par quelques individus,
dont la conformation eſt viciée :
c'eſt comme ſi on vouloit juger
de la ſtructure du corps humain,
par les tortus & les boſſus. Les
ſauvages de l'Amérique ne nous
paroiſſent ſtupides & groſſiers,
que par défaut d'éducation. Cul-
tivés un Lapon, vous verrez qu'il
penſe

penſe auſſi ſainement que vous. Quelle différence entre les Ruſ-ſes modernes, & ceux qui vi-voient avant Pierre le grand ! D'où vient-elle, ſinon de l'édu-cation, & de la culture de l'eſ-prit ? Ce n'eſt donc pas du corps qu'il tire ſa perfection.

39. L'ame, dira-t-on encore, ſuit les affections du corps ; elle eſt foible dans les enfans, forte dans un âge mûr, débile dans les vieillards : elle eſt donc cor-porelle, puis qu'elle marche d'un pas égal avec le corps. Une co-pieuſe ſaignée, une diéte trop-grande, fait qu'on tombe dans le délire ; c'eſt donc une preu-ve que l'ame n'eſt pas différente du corps. Ce raiſonnement mon-tre qu'il y a une union intime entre le corps & l'ame, & nul-lement qu'ils ſoient de même

na-

nature. Le corps est un instrument qui sert à l'ame, selon les loix que le Créateur a instituées ; si cet instrument est foible, comme dans l'enfance, les actions se ressentent de cette foiblesse. Qu'un habile musicien jouë sur une pochette, il n'en tirera jamais des sons aussi forts que d'un excellent violon. Une trop-forte saignée diminuë le ressort des solides, qui ne peuvent plus porter leur action jusqu'au lieu convénable, pour offrir à l'ame des images distinctes. Cette courte réponse peut s'appliquer aux cas de l'objection présente, & suffit pour en montrer la nullité. Remarquez seulement que quelque révolution qu'on suppose arriver au corps, l'ame conserve toujours le sentiment de son éxistence, ce qui suffit pour prouver qu'elle est un être différent du corps qu'elle anime. 40.

40. Si l'ame eſt matérielle, & qu'elle ne ſoit au corps que ce que le reſſort eſt à une pendule ; à la mort l'ame périt, n'étant plus d'aucune utilité. Conſéquemment l'homme ne doit point reconnoître de loix, quand il pourra les violer impunément. Il doit ſuivre ſes paſſions & s'y livrer aveuglément, n'ayant aucun avenir à craindre ou à eſpérer. Qui ne voit qu'un pareil ſyſtême renverſe toute la morale, & n'eſt propre qu'à cauſer des maux infinis dans la ſociété ? Quelle eſt donc la vuë d'un matérialiſte, quand il enſeigne une doctrine auſſi pernicieuſe ? On doit le regarder comme l'ennemi du genre humain. Si on compare ce que le dogme de la ſpiritualité & de l'immortalité de l'ame a d'avantageux pour les hommes

mes, avec les maux infinis que doit caufer le matérialifme, il n’y a perfonne de raifonnable qui ne conçoive toute l’horreur poffible pour une philofophie auffi contraire à l’humanité.

41. Que prétendent les maté-rialiftes quand ils difent que *Spiritus* chés les Romains, *Pfuché* chés les Grecs, & *Rouac* chés les Hébreux, qui font les noms de l’ame, ne fignifioient que le vent, le fouffle, la refpiration; d’où ils veulent conclure qu’ils ne croioient pas que l’ame fut une fubftance immatérielle. Ceci n’eft pas plus raifonnable que fi on prétendoit que le raifonne-ment n’eft qu’une courfe çà & là, parce que le mot *Difcurfus*, dont les Latins fe fervent pour l’exprimer, fignifie auffi une courfe. Qui s’eft jamais imaginé

que

que le vent, qui n'eſt qu'un ai[r]
agité, eſt une ſubſtance qu[i]
penſe? Cet air qui eſt dans u[n]
mouvement continuel, a-t-il p[u]
être uni à notre corps pendan[t]
l'eſpace de la vie? Les Langue[s]
ſont pleines de termes méta-
phoriques. Comme l'ame eſ[t]
le principe des mouvemens d[u]
corps, on ſe ſera ſervi d'une ex[-]
preſſion qui marque ce que nou[s]
connoiſſons être dans une grand[e]
agitation, tel qu'eſt le vent.

42. Il ſeroit inutile d'objecte[r]
que pluſieurs écrivains d'entr[e]
les Chrêtiens ont cru que le[s]
Anges étoient corporels, & qu'il[s]
avoient eu commerce avec de[s]
femmes. Il ſuffit de dire, qu[e]
les partiſans de cette opinio[n]
ſont très-partagés entre-eux, [&]
qu'ils s'égarent dans diverſe[s]
routes, ce qui eſt une marqu[e]
a[

affurée de l'erreur. La doctrine de l'églife a pour caractére l'unanimité. On croit, avec raifon, que cette opinion doit fa naiffance à un livre fauffement attribué à Enoch : & encore à un paffage mal entendu, qui fe lit dans le Chap. VI. de la Genéfe.

43. On nous dit que les anciens Philofophes ont prefque tous crû l'ame matérielle, & que les langues anciennes n'ont point de termes pour exprimer un être purement fpirituel. Que peut-on conclure des erreurs de gens qui n'étoient pas affés éclairés ? Veut-on nous obliger à croire le Polythéifme, parce que tous les anciens l'ont profeffé? Veut-on nous faire embraffer les opinions abfurdes de l'antiquité, fur la nature de Dieu ? Quelle conclufion veut-on tirer, de tant

R

d'erd'erreurs palpables des Philoſophes ? Ce feroit perdre ſon tems, que de raconter & de réfuter leurs opinions chymériques. Il n'eſt pas queſtion d'autorités, mais de ce qui eſt vrai. Au reſte ſi on vouloit ſe ſervir de ce que les anciens ont penſé, on le feroit avantageuſement. Homére & tant d'autres nous peignent l'ame des morts, qui éxiſte après le trépas.

44. La Chambre veut que les eſprits ſoient dans un lieu, d'où il conclut qu'ils ſont étendus. Il eſt facile de répondre que toute ſubſtance ſpirituelle, n'occupe proprement aucun eſpace. Ses bornes ne ſont pas celles du lieu où elle eſt, mais les bornes de ſon action : à la différence de Dieu, qui eſt préſent partout par une action, ou une opéra-

tion

tion univerſelle. L'ame eſt où elle agit ; & ſa puiſſance étant limitée, elle ne peut agir qu'en un lieu à la fois : Nous ſoûtenons donc que les eſprits n'ont point de figure, & conſéquemment ni extenſion, ni grandeur ; & que les ſubſtances ſpirituelles n'occupent point un eſpace borné, que par leur action.

45. On nous oppoſe encore que quelques Péres n'ont pas craint d'enſeigner, que les ames étoient matérielles. Pour lever cette difficulté, obſervons que Platon, dont la philoſophie étoit fort répanduë dans les premiers ſiécles du Chriſtianiſme, Platon, dis-je, de ce que l'ame eſt ſpiri-tuelle, immortelle, concluoit qu'elle étoit ſemblable à la divi-nité. Les Stoïens ſoûtenoient, que l'ame eſt une portion de

 la

la divinité - même. C'eſt pour préſerver les Chrêtiens de ces erreurs, que quelques Péres ont dit que les anges & les ames, étoient des ſubſtances très-éloignées de la ſubſtance divine, & que cette ſubſtance des anges & des ames humaines étoit matérielle, en comparaiſon de la divinité, & ſpirituelle en comparaiſon de nos corps. Il arrive aſſés-ſouvent que lorſqu'on combat une erreur, on ſemble pencher du côté oppoſé. C'eſt ainſi que St. Jerôme voulant deffendre la dignité du ſacerdoce, paroît l'élever preſque juſqu'à l'Epiſcopat.

46. Quand il ſeroit vrai, que quelques Péres auroient dit que l'ame étoit corporelle, on ne pouroit en conclure qu'ils cruſſent pour cela, qu'elle étoit de

la

la même nature que les corps, si on éxamine leur fentiment avec attention. Quand Tertullien dira que l'ame eft un corps, il ne manque pas d'avertir que c'eft un corps de fon efpéce, très-différent de ceux qui font fenfibles. Il veut, par cette expreffion peu éxacte, marquer que l'ame eft un être réel. On ne peut douter un moment que les Péres n'aient connû la différence effentielle, qui fe trouve entre l'ame & le corps. Ils enfeignent unanimement que l'ame eft immortelle, qu'elle eft doüée de liberté, qu'elle eft digne de récompenfe ou de punition, &c. qualités qu'ils ont conftamment refufées aux corps. Ils ont crû conféquemment que l'ame étoit d'une nature effentiellement diftinguée de celle du corps. C'eft s'attacher aux

R 3   mots,

mots, fans en pénétrer la fignification, que d'infifter fur ce que certains auteurs eccléfiaftiques ont donné à l'efprit la dénomination de corps. Beaufobre & Cuentz, ont donc vainement amaffé quelques paffages des Péres, où on lit cette expreffion, pour faire croire que ces témoins de la tradition de l'Eglife, avoient crû l'ame matérielle.

47. Tertullien s'eft fervi des expreffions les plus dures, néanmoins en l'éxaminant de près, on appercevra qu'il penfe différemment, de ce qui paroît au premier coup d'œil. Cet auteur enfeigne que l'ame a les trois dimenfions. Cependant il n'accorde pas qu'elle foit matiére. Comment allier ces deux idées ? Tertullien avoit fait un livre contre Hermogénes, où il prou‑
voit

voit que l'ame n'étoit pas tirée d'une matiére prééxiftante, mais qu'elle devoit fon origine au fouffle de Dieu. Selon lui, ce fouffle n'étoit pas une métaphore ; il vouloit qu'il fe foit infinué dans tout le corps dont il avoit confervé la figure, après s'y être comme figé. Il foûtient néanmoins que l'ame eft une & fimple ; fans quoi elle n'eut pas été immortelle ; car felon cet auteur, tout ce qui peut être divifé, n'eft pas immortel. Il fe fait une objection prife de Platon, qui enfeignoit que tout ce qui a une figure, eft compofé, & par conféquent l'ame, telle que Tertullien l'imaginoit, pouvoit être décompofée. Ce raifonnement l'accabloit ; pour y répondre, il eft obligé d'avoir recours aux vifions d'une fœur enthoufiafte. Notés qu'il étoit

R 4

pour

pour lors Montanifte. La fource de fon erreur ne venoit que du fentiment confus de tout ce que nous fommes ; du *moi entier*, qui nous réprefente fous un unique regard l'ame & le corps.

48. Avoüons que les hommes naiffent matérialiftes ; comme ils jugent naturellement que les couleurs font dans les objets, & les fenfations dans les parties du corps qui les éprouvent. Il n'y a que la réfléxion qui puiffe nous faire connoître, que les fonctions de l'ame font incompatibles avec les proprietés de la matiére. Quand on la veut étudier férieufement, on voit clairement que les organes de notre corps, n'ont aucune analogie avec les fenfations de l'ame, comme le plaifir & la douleur : ils n'en font que

que les occasions, par une loi très-arbitraire du Créateur ; ils ne peuvent être les causes efficaces de nos plaisirs passagers. On n'apperçoit aucun rapport entre le corps & l'ame, quand on les considére précisément en eux-mêmes. Cela seul démontre combien ils différent essentiellement, sans avoir recours à aucun autre raisonnement.

49. On nous vante beaucoup l'autorité des anciens philosophes, qui ont crû l'ame matérielle. Mais ne sait-on pas qu'ils ont débité d'étranges absurdités, qu'ils ne marchoient qu'à tâton au milieu des ténébres épaisses qui les environnoient ? Je n'ai pas besoin de prouver ce fait, qui est très-constaté. Si quelqu'un d'entre-eux mérite quelque credit, par les vérités qu'il

a senties, & par l'élévation de son esprit, c'est sans contredit Ciceron, * le plus savant de tous les philosophes du paganisme. Voici ce qu'il dit : Nous ne pouvons douter, à moins d'être tout à fait ignorant en physique, qu'il n'y a rien de composé, de double, ou de mêlé dans la nature des esprits. C'est nous apprendre très-clairement qu'un esprit est un être simple, sans aucune composition, & conséquemment immatériel.

50. Notre ame trouve en elle, quantité de choses qui sont incompatibles avec la matiére. Elle réfléchit sur elle-même, & sur ses propres idées. Elle rassemble, écarte, & compare ses idées, comme elle veut. Elle embrasse tous les lieux & tous les

* Tuscul. I. C. 29.

les objets. Elle forme des plans, elle invente, elle perfectionne les arts & les fciences. Tout cela annonce un principe immatériel, & porte fi vivement l'image de la perfection fouveraine, que les philofophes les plus pénétrans du paganifme, furent perfuadés que l'ame devoit être divine, tant ils étoient éloignés de la croire matérielle.

51. Si l'ame eft matérielle, elle eft de la même nature que le corps ; on ne peut nuire à celui-ci, qu'on ne bleffe & qu'on ne faffe fentir de la douleur à l'autre. Dans ce fyftême, on ne peut concevoir que l'ame veüille jamais la deftruction de fon corps, qui entraîneroit auffi la fienne propre. Tous les êtres fenfibles veulent invinciblement leur confervation. L'éxemple
des

des Martyrs démontre la fauffeté du matérialifme : on a vû des hommes pour ne pas renoncer à leur foi, livrer leurs corps à une mort auffi certaine que cruelle. Mais fi l'ame étoit matérielle, auroit-elle jamais fait le généreux facrifice de la perte de fon propre corps, qui entraînoit celle de fon éxiftence? Il faut donc reconnoître qu'il y a en nous un principe d'une nature différente de celle du corps. Cela fuppofé, il eft facile de rendre raifon pourquoi un efprit pour aquerir une félicité éternelle, fe réfoud à la deftruction de fon corps; au lieu qu'en fuppofant l'opinion des matérialiftes, il eft impoffible de rendre raifon, pourquoi il y a eu des hommes affés forts pour méprifer la mort, afin de confer-ver le précieux don de la foi.

ʃ2.

52. Voïés la bizarerie de nos nouveaux philofophes ; les uns décident hardiment qu'il n'éxifte que des corps : un Anglois, Berkeley, prétend au contraire qu'il n'y a que des efprits. Voilà le fruit de tant de raifonne-mens futiles. Il falloit s'en tenir à ce que les gens fenfés de tous les fiécles, avoient toujours pro-feffé clairement. Il y a deux fortes de fubftances, l'efprit & le corps ; dont les opérations font trop oppofées, pour qu'on puiffe raifonnablement les confondre. C'étoit bien juftement que St. Paul avertiffoit les fidé-les, de fe défier d'une philofophie trompeufe. L'immatérialifme détruit la religion : s'il étoit vrai ; J. C. n'eft point mort ni réffuf-cité. Le matérialifme fappe la morale , & l'éfpérance d'une autre vie, par l'annéantiffement

de

de l'ame. La révélation par un feul mot renverfe ces dogmes monftrueux. Une feule parole du Sauveur nous fixe & nous apprend le vrai. *Voïés, touchés, difoit-il, & apprenés qu'un efprit n'a ni chair ni os.* *

53. On a vû dans la chaleur du combat des hommes bleffés du coup mortel, fans s'être apperçus du dérangement arrivé dans leurs corps. La fureur martiale s'étoit fi fortement emparée de leur efprit, qu'ils ont paffés des heures entiéres, fans fentir la douleur, que devoit leur caufer une bleffure auffi dangereufe que terrible. Comment fe peut-il faire, qu'on ne foit point apperçu d'un dérangement auffi confidérable? Comment concevoir qu'on n'a pas fenti

---

* Luc. C. 24.

ſenti le deſordre arrivé dans la conſtitution intérieure ? Si l'homme n'étoit que matériel, on n'expliquera jamais un pareil phénoméne ; il faut néceſſairement avoir recours à une ſubſtance diſtinguée du corps, & qui eſt d'un ordre ſupérieur, pour rendre raiſon d'un fait qui, quoique ſurprenant, eſt néanmoins très-avéré.

Immortalité de l'ame.

1. L'ame ne fut-elle qu'une pure machine, eſt-il bien décidé qu'elle périroit avec le corps ? Cette petite machine ne peut-elle ſurvivre à la diſſolution de la grande, dans laquelle elle étoit renfermée ? Les païens croïoient que les faux dieux faiſoient

foient des immortels ; le vrai Dieu n'en peut-il faire ? Un fimple acte de fa volonté fuffit pour perpétuer le jeu de l'ame, en ne la regardant que comme une machine. Les parties élémentaires de l'or nous paroiffent indeftructibles : pourquoi cette machine ne pourroit-elle avoir ce privilége ? Dieu ne peut-il éloigner toutes les caufes, qui pourroient déranger la configuration de fes parties ? Faut-il donc un certain volume de matiére pour penfer & être fenfible ? Une petite montre n'indique-t-elle pas les heures, auffi précifément qu'une grande horloge ? La diffolution des parties de notre corps n'entraîneroit donc pas néceffairement celles des parties de notre ame, quand on la fuppoferoit matérielle.

2. Mais,

2. Mais, dirés-vous, l'ame eſt faite pour le corps, quand ce-lui-ci eſt annéanti, à quoi ſervi-roit-elle ? ſon ſort doit être le même.   Je demande ſi c'eſt l'ame qui fait végéter le corps, qui fait circuler le ſang, qui eſt la cauſe de la digeſtion, &c. Combien d'actions dans les en-fans, les foux & les imbécilles ne laiſſent pas appercevoir la moindre impreſſion de l'ame? Il eſt vrai que l'ame influë dans les mouvemens libres, mais le plaiſir & la peine ne ſont que pour elle : la matiére n'y entre pour rien.   Le corps eſt pour un tems la demeure de l'ame, mais la deſtruction de l'un n'é-xige pas la déſtruction de l'au-tre.   Si ma maiſon s'eſt écrou-lée, je ne me croirai pas obligé de mourir pour cela.   Nos or-ganes ne ſont que des occaſions

S   arbi-

arbitraires de nos fenfations, rien ne peut empêcher que Dieu n'agiffe immédiatement & fans occafion fur notre ame. Il ne faut pas croire, que toutes nos fenfations foient occafionnées par le corps ; nos réfléxions nous caufent de la joie, ou de la trifteffe : ces réfléxions peuvent aller fi loin que le cerveau fe dérange, & même caufer la mort.

3. La juftice de Dieu éxige que le fcélerat foit traité différemment de l'homme de bien. Ce n'eft pas dans cette vie que ce difcernement a toujours lieu, il faut donc que ce foit dans une autre ; l'ame conféquemment furvivra au corps. Qui croira que Néron & Caligula doivent fubir le même fort que Louis XII. & Henri IV ? Le bonheur nous

nous eſt contingent ; il ne dépend pas de nous, de nous le
procurer ; en jouiſſons - nous,
nous ne pouvons nous l'aſſurer pour toujours. Notre bonheur dépend donc d'un être ſupérieur : mais quel eſt - il, ſi ce
n'eſt Dieu ? Le bonheur eſt attaché aux impreſſions qu'il plait
au Créateur de faire ſur nos ames.
Dans cette vie on ne joüit d'aucun bonheur complet ; il faut
donc qu'il ſoit réſervé pour une
autre, ce qui ne ſe peut qu'autant que l'ame ſurvit au corps.
L'homme eſt libre, il peut être
juſte ou injuſte. Mais pour qui
ſeroit le bonheur, ſi ce n'étoit
pour celui qui s'eſt attaché par
choix à la juſtice ? Cette vie
n'eſt qu'un tems d'épreuve, pour
nous mettre à même d'aquérir
une félicité éternelle. Celui
qui mépriſe les moyens qu'il

 avoit

avoit de devenir heureux, **eſt**
digne d'être malheureux pour
toujours. Ce plan eſt conforme à la raiſon, & à la Majeſté
de Dieu. Si l'homme eſt ſuſceptible d'idées très-vives & très-
claires, ce ſont celles qu'il a du
rapport du mérite à la récom-
penſe, & du démérite à la peine.

4. Pourquoi fait-on de ſi grands
efforts pour prouver que l'ame
eſt matérielle ? Il n'eſt pas difficile de le deviner. Toute matiére peut être diviſée & changer de façon d'être. Le bois
dont on a fait du feu, ceſſe d'ê-
tre du bois après qu'il eſt con-
ſumé. Si l'ame eſt matérielle,
dès qu'elle eſt ſéparée du corps,
qui empêche de croire que cette
matiére, qui eſt très-ſubtile, ne
ſoit diviſée & diſſipée en une infinité d'endroits : cela ſuppoſé,
l'ame

l'ame ne penſera plus, elle périra. Elle ne penſoit qu'autant
qu'elle étoit organiſée, & con-
formée d'une certaine façon,
auſſitôt que cette organiſation &
cette conformation ſont détrui-
tes, l'ame ceſſera de penſer; elle
ſera anéantie. Il en ſera comme
d'une montre, tant que dure
l'arrangement des rouës, elle
indique les heures: briſés les
rouës, ce n'eſt plus une montre,
elle ne marque plus les heures.
On n'attaque la ſpiritualité de
l'ame, que parce qu'on en veut
à ſon immortalité, qui fait craindre un fâcheux avenir. On voudroit fort ſe délivrer de cette
crainte qui nous gêne. Voilà
ce qui intéreſſe les déffenſeurs
de la matérialité de l'ame.

5. Les Epicuriens ſont de tous
les philoſophes ceux qui ont

S 3

com-

combattu le plus fortement l'é-
xiftence d'un être immatériel ;
la raifon principale, fur laquelle
ils s'appuioient, c'eft, difoient-
ils, qu'il eft inconcevable que
l'ame qui devroit être immortelle, put être jointe avec le
corps qui étoit périffable. * Il
étoit abfurde, felon eux, de croire que deux chofes auffi oppofées puffent fe trouver unies.
Mais d'où avoient-ils l'idée d'un
être fi différent de la matiére,
& dont l'éxiftence leur paroiffoit impoffible ? N'étoit- ce pas
leur propre confcience qui la leur
donnoit ? Non, c'eft qu'ils en
avoient oüi parler à d'autres philofophes. Mais fi Démocrite &
Epicure avoient réfléchi fur leurs
idées, ils auroient vû que la certitude de nos connoiffances dépend d'elles ; ils auroient connu

* Vide Lucret. L. III.

nu qu'on ne pouvoit avoir d'idée que de ce qui eſt poſſible, ou néceſſaire, & qu'ainſi l'ame ſpirituelle étoit un être poſſible, puisqu'ils la concevoient ; c'étoit donc une contradiction dans leur ſyſtême, d'en nïer la poſſibilité. Si on répond qu'ils n'avoient pas d'idée de l'ame ; c'eſt convenir qu'ils parloient ſans ſavoir ce qu'ils diſoient.

6. On oppoſe, que Moïſe n'a rien dit de l'immortalité de l'ame ; que parmi les Juifs les Sadducéens la nïoient. Comment ſe peut-il que le peuple de Dieu ait ignoré une vérité auſſi importante & auſſi capitale? Si on les en croit, les livres de Maccabées ſont les premiers qui en aient parlé. Il faut obſerver que Joſephe * nous

S 4   ap-

---

* Antiq. L. XVIII. C. 2·

apprend, qu'il y avoit très - peu de Sadducéens, & qu'ils étoient fort riches, ce qui a pû leur faire embraſſer l'opinion de l'annéantiſſement de l'ame. Ceux qui ſuivent aujourd'hui ce ſyſtême, ne ſont pas gens peu aiſés. Dieu, dans pluſieurs endroits de la Genéſe, ſe nomme le Dieu d'Abraham, d'Iſaac & de Jacob. C'eſt par-là que J. C. réfuta les Sadducéens. Il eſt clair que cette expreſſion ne ſignifie pas que Dieu, eſt le Dieu du cadavre de ces Patriarches. Elle eſt ſi lumineuſe & ſi ſignificative, qu'elle réduiſit les Sadducéens à un profond ſilence.

7. Quand Jacob diſoit à Pharaon, que les jours de ſon éxil & de ſon pélérinage étoient courts & mauvais, ne diſoit-il pas qu'ils feroient ſuivis d'une autre vie ?

Pour-

Pourquoi appelle-t-il cette vie un éxil & un pélérinage, s'il n'en avoit pas espéré une meilleure après celle-ci? Les livres saints ne parlent que de la récompense des justes, & de la punition des méchans: or il est certain que très-souvent les justes sont dans l'oppression pendant cette vie, tandis que les impies sont dans la splendeur & l'opulence. * La récompense promise aux justes, suppose donc nécessairement une vie à venir. Dieu dit à Moïse *je suis celui qui est*; par cette expression sublime, il lui apprit qu'il étoit esprit, car la matiére ne se connoît pas, & ne peut rien prononcer sur son éxistence. Nous lisons dans la Genése que Dieu fit l'homme à sa ressemblance; ce qui ne peut s'entendre que de

S 4

l'es-

____

* Vid. Psal.

l'efprit. Voilà la fpiritualité de l'ame nettement enfeignée; par une conféquence qui s'offre naturellement, on ne peut lui refufer l'immortalité. Moïfe nous a donc appris ces vérités importantes.

8. Il faut être bien ignorant pour révoquer en doute, que les livres faints de l'ancien Teftament n'enfeignent fréquemment une autre vie. Job * eft exprès, quand il dit, qu'au dernier jour il reffufcitera du fein de la terre, & qu'il verra fon Sauveur. L'Eccléfiafte † nous dit nettement, que la pouffiére retourne en terre, d'où elle étoit, & que l'efprit revient à Dieu, qui l'a créé, Le livre de la Sageffe (*) enfeigne que Dieu a créé l'homme inde-

---

* Job. Cap. 19.
† Ecclef. Cap. 12.
(*) Sap. Cap. 3.

indeſtructible, (ſelon l'ame :) l'ayant fait à ſa reſſemblance. Le même auteur * nous apprend que quand le juſte eſt enlevé par une mort prématurée, il eſt néanmoins dans un lieu de rafraichiſſement. Cela peut-il s'entendre de l'entiére deſtruction de l'homme? Que prétendoit Saül, quand il fit évoquer l'ame de Samüel après ſa mort? Il la croyoit donc encore éxiſtante. En parcourant les Pſeaumes, on y trouvera cent preuves d'une autre vie, & conſéquemment de l'immortalité de l'ame.

9. Le peu qu'on vient de lire, ſuffit pour montrer la témérité des matérialiſtes, quand ils oſent débiter hardiment que les écrivains ſacrés de l'ancien Teſtament

---

* Sap. Cap. 4.

ment, ne connoissoient pas le dogme de l'immortalité de l'esprit humain. Ce seroit perdre son tems que de vouloir réfuter ce qu'alleguent ces gens-là, tiré de l'Ecclésiaste : * où il semble dire que l'homme meurt entiérement comme les bêtes. Tous les Commentateurs ont expliqué cette difficulté, qui est très-foible. Deux mots du même auteur éclaircissent ce passage, & montrent sa véritable pensée. Le corps, dit-il, retourne en terre, & l'esprit à Dieu. On a peine à comprendre la manie d'un homme qui cherche à se dégrader, en s'efforçant de prouver que son ame n'a rien au dessus de la brute; insensé qu'il est, il se dépoüille de ses avantages les plus relevés, pour se mettre de niveau avec les ani-

____

* Cap. 3.

animaux les plus vils ! *Homo cum in honore effet, non intellexit; comparatus eft jumentis infipientib⁹.* *

10. La différence de l'ame & du corps prouvée, il ne peut plus être douteux que l'ame ne fubfifte après la mort, qui n'eft que la féparation d'avec fon corps. Leur désunion ne peut caufer l'anéantiffement, ni de l'un ni de l'autre. Il paroît au contraire que l'ame penfera plus librement, après qu'elle fera dégagée des liens de ce corps terreftre, qui appéfantiffoit la vivacité de fes opérations. Le corps fe diffout, parce qu'il avoit des parties, mais il ne peut rien arriver de femblable à l'ame qui n'en a point.

11. Ne peut-il arriver, dira-t-on, que l'ame après être féparée

* Pfal. 48.

rée du corps, tombe dans un
sommeil & une insensibilité per-
pétuelle; cessant de penser, elle
seroit comme n'éxistant plus.
L'ame seroit par-là réduite à un
état de mort. Cette conjecture
est dénuée de tout fondement;
elle est donc frivole & ne forme
aucune difficulté. Ne dites pas
que du sommeil passager que
nous éprouvons, on pourroit
conjecturer, que l'ame pouroit
être assujettie à un sommeil éternel. Les meilleurs philosophes ne
croyent pas que l'ame éprouve
le sommeil. Elle pense sans in-
terruption, & conséquemment
elle veille toujours. La pensée
est la vie de l'ame; si elle ces-
soit un instant de penser, elle
seroit morte véritablement. Le
réveil seroit une resurrection.
L'ame est un être pensant, pri-
vés-là de la pensée, vous lui
ôtés ce qui fait sa nature. 12.

12. Nous fommes agités de plufieurs penfées pendant le fommeil, & dans quelque inftant que nous nous réveillons, nous fommes occupés de quelque fentiment, de quelque connoiffance. Pendant le fommeil les organes font relâchés & comme engourdis; ils ne cauffent que des fentimens fourds & obtus, qui ne font fentis que foiblement, c'eft ce qui a pû faire croire à quelques perfonnes qu'on ne penfoit pas en dormant : pour les tirer de cette erreur, il fuffit de confidérer ce qui fe paffe en nous dans certains états de diftraction, d'une profonde réverie : qu'on nous demande alors à quoi nous penfons, il eft affés ordinaire de répondre qu'on ne penfe à rien, quoi qu'on penfe très-certainement. Cette réponfe fignifie

feu-

feulement, que l'objet de notre penfée n'eft pas affés vif, affés marqué pour pouvoir le défigner nettement. C'eft ainfi que l'ame fe trouve pendant le fommeil. J'avoüe, que je ne connois pas comment on peut fe livrer au fyftême des efprits-forts, en ne prenant aucun foin pour l'avenir. Si, comme il eft très-vrai, on n'a aucune preuve de la mortalité de l'ame , & qu'au contraire il en eft beaucoup pour fon indeftructibilité , il faut être ftupide pour en croire les matérialiftes fur un point auffi capital, qu'ils veulent établir fur des raifonnemens futiles.

13. Quand l'homme meurt, il ne périt pas un atome de fon corps. Pourquoi craindrions-nous l'annéantiffement de l'ame, cette partie de nous-mêmes, bien plus noble

noble que le corps? L'éxiſtence du corps n'eſt pas bornée au tems de ſon union avec l'ame; pourquoi cette même ame périroit-elle après être ſéparée de ſon corps? Le deſir d'être heureux pour toujours, eſt un ſentiment que tout homme éprouve, dès qu'il ſe connoît avec réfléxion. Ce deſir eſt un don naturel, qui ne vient que de l'auteur de notre être. Peut-on ſoﬤçonner que ce préſent que Dieu fait à tous les hommes, ne ſoit qu'une eſpérance trompeuſe? Une pareille penſée ſeroit auſſi déraiſonnable qu'injurieuſe à l'être infiniment bon. Il eſt auſſi incapable de tromper que d'être trompé. Qu'eſt-ce qui a porté certaines gens à enſeigner la mortalité de l'ame? Si l'on va au vrai, on verra que c'étoit pour s'étourdir ſur les châtimens

T qu'on

qu'on favoit avoir mérité. Un
matérialifte de bonne foi, n'ofe-
roit affurer qu'il defire l'annéantiffement comme un bien. Il
voudroit pouvoir toujours vivre.
S'il eft malade, il veut guérir;
il n'oublie rien pour cela : & à
moins qu'il ne foit en délire,
on ne le verra pas defirer fon
annéantiffement.

14. L'éxiftence de Dieu eft
démontrée : il y a donc un être
infiniment jufte, qui recom-
penfe les bons, & punit les méchans. Or la juftice n'a pas
toujours lieu dans cette vie, où
fouvent l'iniquité profpére, tandis que l'innocence eft oppri-
mée : il faut donc qu'il y ait une
autre vie ; ce qui prouve l'immortalité de l'ame. Si tout périt à la mort, le coupable qui
a été heureux pendant fa vie,

aura

aura joüi d'un meilleur fort que l'homme de bien, qui n'a éprouvé que des revers & des afflictions : ce qui détruiroit la juftice fouveraine. Prétendre qu'il n'y a aucune différence dans nos actions, c'eft un paradoxe qui renverfe les connoiffances les plus lumineufes. Qui a jamais crû qu'il étoit égal de fauver la vie à un miférable en le nouriffant, ou d'égorger fon pére? Quand on eft réduit à foûtenir des abfurdités auffi révoltantes, on renonce au fens commun, & à tous les mouvemens de la confcience. Les partifans de cette opinion font des monftres dans la fociété, & les ennemis de l'humanité, qui mériteroient d'être bannis de la compagnie des hommes.

15. Tous les Législateurs ont

 fupsuppofé l'idée du vice & de la vertu, auxquelles ils ont attaché la punition & la récompenfe : ce qui fuppofe la liberté dans l'homme. Si nous ne fommes que des automates, des inftrumens entre les mains de l'être fouverain, fans que nos actions naiffent de la liberté, on ne peut mettre de différence entre la vertu & le vice. Il faut mettre de niveau Cicéron & Catilina: ce fera une chofe égale de vouloir perdre fa patrie, ou de la fauver. Pourquoi feroit-on agité par les remords, qui fuivent une action criminelle ? Pourquoi cette honte, cette infamie qui font attachées aux mauvaifes actions, fi elles font toutes égales ? D'où vient qu'on ne punit pas un phrénétique, un infenfé, qui auroient commis la même action, dont un homme

de

de bon sens subiroit le châti-
ment ? Ne fait-on point de diſtinction entre ce qui nous
échappe dans un premier mouvement , & ce qui eſt fait
avec réfléxion ? Toutes les loix
des nations policées, ſont autant
de témoignages pour la liberté
humaine. Détruiſés cette liberté
de l'homme, Dieu, qui eſt ſon
auteur, qui l'a aſſujetti à la néceſſité, ſe trouvera chargé de
tous les crimes qu'il commettra.
Conſéquence affreuſe !

16. Le matérialiſme n'a été
enfanté que pour en conclure
la mortalité de l'ame, qui eſt
une ſuite naturelle de ce ſentiment : en effet, ſi l'ame n'eſt
qu'une portion de matiére organiſée, c'eſt-àdire, arrangée d'une
certaine façon, elle doit ſubir
le même ſort que le corps, dont

la

la mort brife les refforts, détruit l'arrangement des parties, & les fait tomber en poufliére. N'eft-il pas évident que la mort fera le même effet fur les parties de l'ame, fi elle eft matérielle ? Par quelle raifon voudroit-on l'exempter de fubir la loi, à laquelle le corps eft affujetti ? C'eft ce qu'un poëte moderne exprime ainfi :

Eft ce là ce rayon de l'effence fuprême,
Que l'on nous peint fi lumineux ?
Eft-ce là cet efprit furvivant à nous-même ?
Il naît avec les fens, croit, s'affoiblit comme eux.
Helas ! il périra de même.

Sur les bêtes.

1. **I**l y a, dit-on, de grands philofophes qui ont enfeigné que

que les bêtes ne font que de pures machines ; néanmoins on découvre en elles du fentiment, de la mémoire, &c. La matiére peut donc être fufceptible de penfée. Il faut avoüer que nous ignorons l'effence des brutes. Si ce font feulement des automates, ils font privés de penfée ; s'ils penfent, ils ont une ame immatérielle. Mais que devient-elle après la mort de l'animal ? Je l'ignore entiérement. C'eft un fecret refervé à Dieu feul, fur lequel on ne peut faire que des raifonnemens frivoles. Je dois ajoûter que l'opinion des Cartéfiens, a encore de fameux fectateurs. Toutefois nos fens fe portent à accorder du fentiment aux brutes, fans qu'on puiffe en rien conclure contre la nature de notre ame, qui eft très-fupérieure à celles dont le

T 4　　Créa-

Créateur auroit doüé les animaux. Qu'ils foyent tels qu'il a plut à Dieu, cela ne poura jamais nuire à l'immatérialité de l'efprit humain.

2. Plufieurs perfonnes font frappées de ce qu'on voit faire aux bêtes, qui n'ayant point d'ame, font conféquemment de pures machines, penfent qu'on en doit inférer que l'homme pouroit leur reffembler en cela. Mais il n'eft pas démontré que les brutes n'ont point d'ame, ce n'eft tout au plus qu'une opinion qui a fa probabilité. Il eft inutile de détailler les opérations des animaux, qui font affés connuës : elles donnent lieu de foupçonner qu'ils ont de la connoiffance, de la mémoire, &c. Tout ce qui me paroît clair c'eft que fi

les

les bêtes fentent, elles ont une ame. On ne connoît pas que la fenfibilité foit une proprieté de la matiére. Or plufieurs phénoménes qu'on remarque dans les animaux, femblent indiquer qu'ils ont du fentiment. Ils donnent des fignes de joye & de triftefle, qu'on ne peut guéres fuppofer convenir à un pur automate. Au refte cette queftion eft fort peu importante, & felon les apparences elle nous fera toujours incoñuë. On ne peut en raifonner que fur des conjectures très-incertaines. Le mieux feroit de convenir qu'on ignore trop la nature des bêtes, pour qu'on puiffe en dire quelque chofe d'affuré & de certain.

3. S'il me paroiffoit probable de croire que les bêtes ont une ame fpirituelle, ce feroit une conféquence jufte de penfer

T 5   qu'elle

qu'elle eſt immortelle. Mais quelle ſera ſa deſtinée? Je n'en ſai rien. Celui qui les a créés, a ſagement ordonné leur deſtination. Une pareille ame ſera-t-elle égale à celle de l'homme? Non, ſans doute : l'ame d'une mite, ſi elle en a, ne montre pas autant de connoiſſance. Qui oſera nier que Dieu puiſſe créer des ames de différens ordres, qu'il n'y ait divers eſprits, tous en différens degrés au deſſus de celui de l'homme, comme il peut y en avoir au deſſous, juſqu'au dernier degré poſſible? Si cela n'eſt pas démontré, qui montrera que cela eſt impoſſible?

4. Mais que les bêtes ayent une ame ou qu'elles n'en ayent pas, comme il ne ſuit pas néceſſairement que ſi l'homme a une ame elles en ont auſſi, de même

même il ne fuit pas néceffairement que fi elles ne font que
des automates admirables, l'home
n'eft auffi qu'un automate. Ainfi
la difficulté prife de l'automacité
des bêtes , ne fait rien contre
la diftinction des deux êtres
dont l'homme eft compofé ; &
la démonftration en étant donnée, s'il falloit juger de l'homme
& des bêtes par voye d'analogie,
il feroit plus raifonnable de dire
que les bêtes n'ont point d'ame,
que de dire que l'homme n'eft
qu'un automate : puis qu'affurément un automate , une pure
machine, eft incapable de fentiment.

5. La conféquence qu'on prétend tirer des fenfations des bêtes pour leur donner une ame
femblable à la nôtre , eft très-
peu jufte.   Car 1°. on doit convenir

venir que nos conjectures fur cette matiére font peu fondées. Il faudroit avoir été brute, pour favoir ce qui fe paffe dans la tête d'un pareil animal. On peut dire, pour avoüer la vérité, que cela nous eft entiérement inconnu, & qu'on ne peut point en raifonner. 2°. Quand on conviendroit que les bêtes ont une ame , on ne pourroit en conclure qu'elle feroit de la même nature que la nôtre. Il fuffit qu'on apperçoive affés de différence entre leurs opérations , pour être en droit de nier la reffemblance, qu'on voudroit perfuader. En effet il y a une uniformité fi grande dans leur façon d'agir, qu'on feroit en droit de penfer que les brutes ne font que des automates. L'uniformité de leurs actions ne dénote point une ame comme la nôtre.

6. L'in-

6. L'induction qu'on prétend tirer des bêtes, a quelque chofe d'impofant, fi on n'y réfléchit pas. Les rapports entre l'homme & la brute, font frappans ; on croit appercevoir quelquefois plus de différence d'un homme à un autre pour la fagacité, qu'on n'en découvre entre certains hommes & certains animaux. On n'accorde pas l'immortalité aux bêtes ; pourquoi ne peut-on raifonnablement la refufer à l'homme ? Je demande fi quelqu'un peut dire, qu'il eft certain qu'il y a dans les bêtes une fubftance femblable à notre ame ? Sait-on à n'en pouvoir douter que la brute raifonne, qu'elle compare fes idées, & qu'elle poffède toutes les proprietés de l'ame humaine ? Tout homme de bonne foi, avoüera que la nature des bêtes lui eft inconnuë ;

quelle

quelle induction peut-on donc tirer d'une chofe dont on n'a point d'idées ? Pour répondre à la difficulté, il fuffiroit de renvoyer à l'éxcellent difcours de Mr. de Buffon, dans fon hiftoire naturelle, fur la nature des animaux. Ce grand Philofophe explique d'une maniére très-fatisfaifante, toutes les opérations des bêtes, fans avoir befoin d'un principe penfant. Le feul méchanifme, la feule organifation lui fuffit, pour expliquer toutes les actions des brutes.

7. Quelques furprenantes que paroiffent les opérations de certaines bêtes, ce n'eft pas une raifon affés plaufible pour perfuader qu'il y a en elles un être penfant, femblable au nôtre. Qui empêche de croire, que ce font de pures machines formées

par

par le Créateur, où on remarque une *science infinie;
c'est lui qui les met en mouvement, selon les fins auxquelles il les a destinées. Si l'homme
est assés industrieux pour faire
des machines, qui par le moïen
de plusieurs ressorts, marchent,
joüent des airs sur un instrument, &c. Osera-t-on refuser
à l'auteur de l'industrie humaine,
de pouvoir en faire de bien plus
parfaites? Les machines des
bêtes se démontent au bout d'un
certain tems, peut-on raisonnablement en conclure qu'il en arrive autant à nos ames, qui sont
immatérielles & indivisibles?
Mais supposons qu'il y ait un
principe de vie dans les brutes;
cela prouveroit-il qu'elles aient
une ame immatérielle? Toutes
leurs opérations ont une uniformité, qui démontre assés la dif-
fé-

férence qu'il faut mettre entre les bêtes & nous. Les abeilles de nos jours, font leurs cellules, comme il y a deux mil ans. Les nids des oiseaux font tous femblables dans chaque efpéce, &c. Peut-on comparer un travail fi borné, fi uniforme, à la prodigieufe varieté que l'homme met dans fes ouvrages? Quelle différence entre la magnifique églife de St. Pierre de Rome, & les églifes du goût gothique! Quelle honte pour l'humanité de voir des hommes affés abrutis, pour s'éfforcer par des conjectures frivoles, de vouloir perfuader que notre nature eft femblable à celle des bêtes!

8. Quand les matérialiftes veulent faire croire que les bêtes font doüées d'une ame comme la nôtre, ils ne font pas attention

tion qu'ils choquent la premiére régle que le bon fens dicte, quand on recherche la vérité. Il faut paffer de ce qui eft connu à ce qui l'eft moins. Mais rien ne nous eft plus inconnu que la nature des brutes. Quel eft l'homme qui fache ce qui fe paffe en elles ? Leurs mouvemens nous font fenfibles, on ignore quel en eft le principe. Au contraire rien ne nous eft plus connu que nos penfées. On peut douter de tout, fans qu'il nous foit poffible de douter fi nous penfons. Quand ces philofophes modérnes prétendent que leur corps leur eft mieux connu que leur ame, ils cherchent à en impofer. L'état de la queftion eft de favoir fi le corps peut penfer : or il eft très-certain que le matérialifte ignore abfolument que le corps foit

U

capa-

capable de penſer & de ſentir.
Juſqu'à préſent on n'a pû en
donner la moindre preuve, &
jamais on n'en donnera.

9. Nous ne jugeons que par
comparaiſon. Pour pouvoir comparer notre ame avec celle des
brutes, il faudroit qu'elles nous
fuſſent connuës auſſi bien que
nous connoiſſons cet être qui
penſe en nous : or comme il
n'eſt pas poſſible que nous ayons
jamais connoiſſance de ce qui
ſe paſſe à l'intérieur de la bête,
ni de quelle eſpéce ſont ſes ſenſations relativement à celles de
l'homme ; il s'en ſuit qu'on ne
fera jamais que de vains raiſonnemens, quand on voudra conclure quelque choſe de certain,
par la comparaiſon de l'homme
avec la brute. Tout nous montre une ſupériorité dans l'hoῆe
ſur

fur les animaux, qui ne nous permet pas de la méconnoître. Le plus ftupide des hommes, fait fervir à fon ufage des animaux qui le furpaffent en force. Voit-on des bêtes fe faire fervir par d'autres ? On ne remarque chés-elles aucune fubordination, aucune apparence que quelques unes connoiffent leur fuperiorité fur les autres. N'en eft-ce pas affés, pour nous convaincre que l'homme eft non-feulement fort au deffus de l'animal, mais qu'il eft d'une nature fort différente.

10. L'homme communique fa penfée par la parole. Le fauvage parle comme l'homme policé. Aucun des animaux n'a ce figne de la penfée. La langue du finge, a paru aux anatomiftes auffi parfaite que celle

U 2   de

de l'homme : le singe parleroit
donc s'il pensoit. Il parleroit
aux hommes leur langage, s'il
pensoit comme eux, après avoir
demeuré du temps dans leur
compagnie. En suppofant qu'il
n'eut que des penfées de finge,
il parleroit aux finges ; mais jamais on ne les a vûs s'entrete-
nir ou difcourir enfemble. Ils
n'ont donc aucun ordre, ni fuite
dans leurs penfées, bien loin
d'en avoir de femblables aux
nôtres.

11. Ce n'eft pas faute d'organes, fi les animaux ne parlent
pas ; car plufieurs apprennent
à prononcer des mots, & même des phrafes affés longues.
Peut-être, fi on vouloit fe donner la peine de les dreffer, on
verroit un plus grand nombre
d'efpéces qui parleroient, que
celles

celles qui nous font connuës. M. Leibniz fait mention d'un chien, auquel on avoit appris à prononcer quelques mots alle-mans & françois. Mais jamais on n'eft parvenu, à donner aux animaux l'idée des mots qu'ils prononcent. Ils femblent ne les répéter que comme un écho, ou une machine artificielle, qui les renvoyeroit. Ce ne font donc pas les organes matériels qui leur manquent, mais la pen-fée. C'eft faute d'avoir une ame, que les bêtes ne perfectionnent rien ; fi elles avoient le plus pe-tit degré de penfée , elles fe-roient capables de progrès. Les caftors d'aujourd'hui bâtiroient avec plus d'art & de folidité, que ne bâtiffoient les premiers ca-ftors ; ce qu'on n'a pas encore remarqué. L'uniformité dans les ouvrages des animaux, fem-

U 3

ble

ble montrer que leurs opérations ne sont qu'un pur méchanisme. L'homme perfectionne
chaque jour ; nos bâtimens sont
sûrement plus commodes & plus
élégans, que ceux que le goût
gothique a produit. Je ne conçois pas comment après des dif-
férences si marquées, il a pû
monter au cerveau de certaines gens, que l'homme n'avoit
pas une ame distinguée essentiellement de celle des bêtes. Il
faut s'aveugler volontairement,
pour oser soûtenir un paradoxe
aussi révoltant. Ces homes se di-
sent philosophes, je l'aisse à juger s'ils sont dignes de ce nom.

12. Ce qui me semble prouver que les animaux n'ont point
une ame semblable à la nôtre,
c'est qu'on ne peut point faire
de convention avec eux, touchant

chant les idées qu'on joint aux mots. S'ils étoient fufceptibles de fentir cette convention, ils parleroient avec autant de fuite & d'ordre, que les hommes. L'expérience nous apprend que c'eft une chofe fans éxemple ; quelque foin qu'on ait pris à apprendre à parler un perroquet, ou un autre animal, il ne prononce que des mots au hazard , & fans aucun ordre aux demandes qu'on lui fait.

Réponfe aux Objections de Cuentz.

1. J'ai remis jufqu'ici à réfuter les objections de Cuentz , parce que cela m'auroit obligé à des redites, que j'ai voulu

voulu éviter. Cet auteur veut nous perfuader qu'il eft indifférent de croire que l'ame eft matérielle, ou qu'elle ne l'eft pas, quand on veut raifonner fur fa nature : mais qu'il faut fe fixer à ce que la révélation nous enfeigne. On foufcrit volontiers à ces derniéres paroles; parce que l'Ecriture enfeigne formellement la fpiritualité de l'ame. Mais comme les gens qui attaquent ce dogme, croient peu à la révélation, & qu'ils n'employent que des raifonnemens pour en tirer des conféquences pernicieufes, on ne croit pas qu'il foit indifférent de les combattre. Cuentz ne feint de la foûmiffion à la révélation, qu'afin de pouvoir l'attaquer plus impunément.

2. On croit avoir déja prouvé

vé qu'il implique contradiction que notre ame foit matérielle : c'en eft affés pour favoir ce qui nous convient de connoître fur fa nature. Quant à fon union avec le corps, c'eft une chofe de l'éxiftence de laquelle on ne peut douter. Pour ce qui regarde le *comment*, fi on peut ainfi parler, il nous importe peu de le connoître, lors qu'on eft affuré du fait. On poura croire que Dieu a donné une puïffance active à l'ame, ou recourir aux caufes occafionelles, tout cela eft permis & abandonné aux difputes des favans.

3. Pourquoi Dieu ne pouroit-il pas donner à la matiére la faculté de penfer, comme il l'a communiquée à l'ame ? C'eft que le premier cas eft impoffible, & non le fecond. On en

 a

a donné des preuves. Cuentz dit qu'il vaudroit mieux diſtinguer les êtres en penſans & non-penſans, qu'en matériels & immatériels. Ceci n'eſt qu'une ergoterie de Scholaſtique, qui eſt ſans conſéquence ; on prendra ſur cela tel parti qu'on voudra : cela ne fait rien au fond de la queſtion.

4. Le ſouffle divin que Dieu répandit ſur le corps d'Adam, ne pouvoit-il lui donner la faculté de devenir un être penſant, & doüé d'activité ? Si on prétend que ce ſouffle divin, qui eſt une expreſſion métaphorique, n'eſt autre choſe que la création de l'ame que Dieu uniſſoit au corps matériel, c'eſt une vérité à laquelle on ſouſcrit. Si on entend autre choſe, on ne fait ce qu'on dit.

5. Cuentz

5. Cuentz ne veut pas concevoir qu'un être non - étendu puiſſe être la cauſe de quelque effet. Et moi je lui ſoûtiens qu'un corps ne peut être cauſe de rien ; parce que tout corps n'eſt que paſſif. Il dit qu'un corps ſpirituel pouroit faire agir notre corps groſſier : mais je réponds , qu'un corps ſpirituel n'eſt qu'un être de raiſon, une chymére dont on ne peut avoir d'idée. Ce ſont deux termes inſociables, que ceux de corps & d'eſprit, quand on veut les unir & n'en faire qu'un même ſubſtance. Ce philoſophe devroit n'employer que des termes intelligibles, & ne point parler de corps ſpirituels ; ce que perſonne n'entendra jamais.

6. Il n'y a point de qualités ſans un ſujet d'inhérence ; dit Cuentz,

Cuentz, mais comment un être non-étendu peut-il être un pareil sujet ? Un esprit est très-propre à cela, parce qu'il n'a que des qualités spirituelles, qui ne peuvent résider dans la matiére. Cet auteur définit l'ame un corps spirituel, simple, inaccessible à nos sens grossiers, qui par son organisation, animé par le souffle de Dieu, est rendu actif, vivant, sensible. On a déja remarqué qu'un corps spirituel est un pure chymére, qui ne peut pas plus éxister qu'un cercle quarré. Il n'est pas possible non plus, qu'un corps soit un être simple. Cette définition est donc vicieuse, parce qu'elle renferme des termes contradictoires.

7. Dieu, nous objecte Cuentz, peut bien donner le mouvement

à

à la matiére ; pourquoi ne pouroit-il pas lui donner la penſée,
le ſentiment ? On conçoit aiſément que la matiére peut paſ-
ſer d'un lieu à un autre, mais
il n'y a qu'un être ſimple qui
puiſſe penſer ; comme on l'a
prouvé : la matiére ne pouvant
être que compoſée de parties,
c'eſt pourquoi il eſt impoſſible
qu'elle puiſſe penſer. La puiſſance de Dieu ne ſouffre aucune
atteinte, quand on aſſure qu'elle
ne peut avoir pour objet des
choſes impoſſibles.

8. Cet auteur réplique, j'accorde que je ne conçois pas
comment la matiére peut penſer : mais qui peut aſſurer que
Dieu ne puiſſe lui donner cette
proprieté ? Ne peut-il faire que
ce qui eſt à portée de ce que
nous pouvons concevoir ? Qui
com-

comprend bien comment les bêtes peuvent fentir, connoître, fe reffouvenir, &c. Comment la matiére en attire une autre à une très-grande diftance; la révolution des planétes autour du foleil, en eft une preuve. On a déjà répondu qu'il eft impoffible que la matiére puiffe penfer; ce qu'on concevra facilement, quand on fera attention à ce qui s'offre à l'efprit lors qu'on penfe à la matiére & à fes proprietés; & que d'un autre côté on confidére l'être penfant & fes qualités. Cela fuffit pour affurer que la matiére ne peut penfer. Nous avons des connoiffances trop bornées fur la nature des bêtes, pour qu'on puiffe rien dire de certain là-deffus. Tout fe réduit à diverfes hypothéfes, plus ou moins probables. Il fe peut que les bêtes

bêtes connoiſſent , qu'elles ayent une ame ; il ſe peut auſſi qu'elles ne ſoient que de purs automates : mais quoiqu'il en ſoit, on ne doit jamais raiſonner de l'inconnu, de l'incertain, à ce qui eſt connu & certain. Nous ignorons quelle eſt la nature de la brute, & nous ſavons certainement que nous penſons. On s'avance donc trop en aſſurant que les bêtes connoiſſent, ſentent, &c. puiſque c'eſt choſe très-douteuſe & qui nous eſt inconnuë. On commet la même faute, en ſuppoſant comme une choſe démontrée l'attraction de Newton ; de grands philoſophes la nïent, & expliquent très-bien le mouvement des planétes , ſans recourrir à cette qualité occulte , que je nomme ainſi , parce que nous ignorons ce que c'eſt que l'attraction. 9.

9. Vous ne pouvés concevoir, dit Cuentz, que la matiére puiſſe penſer ; donc Dieu ne ſauroit faire qu'elle penſe. Dites-moi donc comment vous concevés qu'un être immatériel penſe. Il eſt aiſé de répondre que je vois clairement qu'il implique contradiction que la matiére puiſſe penſer ; & ſachant que Dieu ne peut faire des choſes impoſſibles , je crois pouvoir aſſurer que la matiére n'eſt pas ſuſceptible de penſée. On demande qu'on diſe comment on conçoit qu'un être immatériel penſe. Ma réponſe eſt que je n'apperçois rien qui répugne en cela , ce qui rend la choſe poſſible. Vous voulés que j'explique comment cela ſe fait : j'avoüe que je ne ſais autre choſe, ſinon qu'il a plû à Dieu que cela ſoit ainſi , & que j'en ai

une

une preuve intime , par ce qui
fe paffe en moi-même.   Il y a
bien des chofes dont nous fommes certains, fans en favoir le
comment.   Je vois à chaque inftant qu'un corps communique
du mouvement à un autre , je
ne puis douter que cela ne me
paroiffe ainfi :   j'ignore néanmoins comment cela fe fait.

10. On nous dit , d'après
Locke , que nous ne connoiffons pas affés l'effence de la
matiére , pour prononcer qu'elle
ne peut penfer.   Je réponds
qu'on en connoît affés pour favoir que cela eft impoffible.
On cite pour éxemple la gravitation ; inconnuë avant Newton,
& qui eft une proprieté du corps,
qu'on avoit ignoré avant ce
grand génie.   1°. La gravitation n'a rien qui répugne à l'i-
X

dée

dée du corps , qui peut pefer fur un autre. 2°. La gravitation n'eft rien moins que démontrée ; c'eft une conjecture, qui a fa vraifemblance , mais ce n'eft pas une vérité certaine & inconteftable. Cuentz infifte : toutes les difficultés qu'on forme contre la faculté de penfer attachée à la matiére , n'étant fondées que fur notre ignorance, elles n'empêchent pas que Dieu ne puiffe lui donner cette proprieté. Dans cette queftion, il y a des chofes que nous connoiffons, & d'autres que nous ignorons. On fait , quand on réfléchit, que la penfée eft infociable avec la matiére; & on ignore comment il a plû à Dieu de rendre un efprit capable de penfer. Il n'eft donc pas vrai que les difficultés qu'on forme, ne foient fondées que fur notre igno-

ignorance. En vain allegue-t-on que plufieurs anciens philofophes n'ont pas crû l'ame immatérielle. Cette difcuffion feroit inutile, parce que la queftion ne doit pas fe décider par autorité, mais par de bonnes raifons.

11. Dieu, réplique cet auteur, n'a-t-il pû joindre & organifer certaines particules de la matiére, pour en former un corps fpirituel, qui foit la caufe de la faculté de fentir & de penfer, au moyen du fouffle divin, dont Moïfe parle ? On a déja répondu à une pareille difficulté, qu'on n'entend pas ce qu'on veut dire par un corps fpirituel. Que la matiére foit organifée de telle façon qu'on voudra la fuppofer, elle eft toujours compofée de parties, & conféquemment incapable de penfer, proprieté qui

X 2

ne

ne peut convenir qu'à un être simple. Par le souffle divin, on ne peut entendre autre chose que la création de l'ame, que Dieu joignit au corps du premier homme.

12. On lit en St. Mathieu que St. Jean Baptiste disoit aux Juifs, que *Dieu peut des pierres - mêmes fusciter des enfans à Abraham.* * Sur quoi on fait ce rare raisonnement. Pour que ce miracle se fît, il faudroit que Dieu disposât d'une certaine façon les parties des pierres, & qu'il les rendît capables de penser. Qu'on ne dise pas que Dieu voulant éxécuter ce prodige, détruiroit les pierres, & leur substitueroit des hommes ; car alors ce seroit annihiler, & ne point donner des enfans à Abraham des pier-

res-

* Cap. 3. v. 9.

res-mêmes. Si je ne savois pas que Cuentz fût Calviniste, ceci m'en auroit instruit. Chaque particulier de cette secte se croit en droit d'expliquer la sainteEcriture, & d'y donner tel sens qu'il lui plait. Je lui répondrai par un mot de cette même Ecriture. *Erratis non intelligentes scripturas.* St. Jean Baptiste pour apprendre aux Juifs que c'étoit une grace de Dieu de ce qu'il les avoit préférés à tant d'autres nations, se sert des paroles qu'on vient de lire ; & qui signifient que des cœurs les plus endurcis, il peut faire des cœurs souples & dociles. Prendre le texte à la lettre, c'est s'éloigner de la pensée du St. Précurseur, pour lui substituer un sens absurde, & qui n'est fondé que sur ce qu'on a crû qu'il favorisoit une fausse opinion, dont on s'est entêté.

têté.   La vraie interprétation de l'Ecriture ne peut se tirer que du sentiment unanime des saints Péres : or la plûpart enseignent que sous le nom de pierres, St. Jean entendoit les peuples Gentils & les infidéles. Il vouloit donc dire aux Juifs, des peuples dont vous ne vous feriés jamais douté, deviendront les enfans de Dieu.   C'est ce que l'événement fit voir dans la vocation des Gentils.   On voit bien que cette interprétation montre clairement, que Cuentz a bâti sur un fondement ruineux, & que son raisonnement tombe par terre. Il n'a pas compris qu'une allégorie ne pouvoit être prise littéralement, comme il le fait.

13. Voici la notion de l'ame que Cuentz nous donne. C'est
un

un corps fpirituel, invifible &
impalbable, doüé de la faculté
active & paffive, de celle d'appercevoir, de penfer, de fentir,
&c. Retranchés ces mots; corps
fpirituel, dont on n'a point d'i-
dée, & qui ne forment aucun
fens : il reftera une énuméra-
tion des proprietés qui conviennent à notre ame, & qu'on
ne peut fans abfurdité attribuer
à la matiére. En vérité ce n'é-
toit pas la peine de tant écrire
pour un fyême qui ne nous apprend rien, finon que l'on donne le nom de corps fpirituel, à
ce que les gens fenfés ont toujours appellé une ame, un
efprit.

14. On rapporte ainfi la création de l'homme : *Le Seigneur
Dieu forma donc l'homme du limon
de la terre: il répandit fur fon vi-*

X 4   *fage*

sage un souffle de vie, & l'homme devint vivant & animé. Puis on ajoûte : où trouver dans ces termes cette ame immatérielle ? Cela n'est pas difficile ; puis qu'ils ne peuvent signifier autre chose. La seule matiére arrangée, dit-on encore, par les mains du Seigneur, porte déja le nom d'homme. Fort bien : d'où je conclus qu'il n'y avoit plus rien de matériel à ajoûter, & que le souffle divin produisit l'ame immatérielle, qui fut jointe au corps. Si l'on admettoit les idées de Cuentz, qui ne connoît rien d'immatériel, il faudroit dire que le Créateur souffla sur le visage du premier homme un corps spirituel : mais cette glose est si étrangère au texte, qu'aucun commentateur ne s'est avisé d'en faire mention.

15. N'est-

15. N'eſt-il pas palpable, dit cet écrivain, que la faculté plus ou moins exquiſe de penſer, dépend uniquement de la diffé-rente, organiſation du corps ? Il eſt donc bien ſenſible par-là, que c'eſt la matiére ſpirituelle diſpo-ſée de telle ou telle façon, qui fait qu'on penſe bien ou mal. Qu'on aſſigne la différence d'un homme d'eſprit à un imbécille ; il faut avoir recours à la diſpo-ſition des organes corporels, qui ſont au dedans de nous. Ces raiſons, qui ont ſéduit Cuentz, ne prouvent autre choſe que l'u-nion du corps & de l'ame. L'ex-périence nous convainct qu'il y a une liaiſon intime entre ces deux êtres, & qu'ils agiſſent réciproquement l'un ſur l'autre : voilà pourquoi le dérangement des organes intérieurs en pro-duit auſſi dans les fonctions de

X 5 l'eſl'efprit : mais cela ne montre en aucune maniére que l'être qui penfe en nous, foit matériel, come on le prétend. L'ame eft toujours la méme : mais comme le corps eft un inftrument dont elle fe fert, fi cet inftrument eft dérangé, il y aura auffi du dérangement dans les opérations auxquelles il eft employé. Qu'un violon foit mal-accordé, on n'en tirera que des fons faux.

16. L'activité, dit-on, eft un mode de l'ame; mais comment concevoir qu'un être non-étendu puiffe être le fujet d'un tel attribut? L'activité d'un être fuppofe du changement : mais peut-on en admettre dans un être fans parties ? Cette difficulté s'évanoüit fi on confidére que l'idée de la matiére ne nous offre aucune activité, elle fe préfente dans

dans une entiére inertie. Il faut donc en conclure que tout être qui a de l'activité par foi-même, n'eft pas matériel, ni étendu, mais qu'il eft fpirituel & fans parties. Qui empêche qu'on ne conçoive qu'un être immatériel eft fujet au changement ? Nous avons fucceffivement diverfes penfées, qui font différentes maniéres d'être de notre ame. Cuentz veut qu'il ne puiffe y avoir de changement fans mouvement, qui eft inconcevable fans l'étenduë : mais c'eft une fauffe prétention ; car je n'éprouve aucun mouvement local dans mon ame, quand je change de penfée : & fi l'on dit quelquefois que l'efprit eft dans une violente agitation, cette expreffion n'eft comme tant d'autres, qu'une métaphore, qui ne doit pas être prife à la lettre.

17.

17. L'ame, dit encore cet auteur, agit fur le corps ; or elle ne le peut que par le contact, par impulfion , ce qui fuppofe qu'elle eft étenduë. Le corps agit auffi fur l'ame, mais le corps n'agit que par fes parties, il faut donc que l'ame en ait, fans cela le corps ne pouroit agir fur elle. On a déja répondu que nous ne connoiffions pas clairement comment l'ame agit fur le corps, & réciproquement comment il agit fur elle ; mais cela n'oblige point de croire que l'ame foit matérielle. On a imaginé plufieurs fyftêmes pour expliquer cette action réciproque, on peut fuivre celui qu'on croira le plus vraifemblable. Rien n'empêche qu'on ne penfe qu'à l'occafion des volontés de l'ame , Dieu produit des mouvemens dans le corps, & qu'à l'occafion de ces mou-

mouvemens, Dieu produit des fenfations dans l'ame. Cette folution n'oblige point de reconnoître que l'ame ait de l'étenduë. Il y en a d'autres qui lui confervent pareillement fon immatérialité.

18. Peu content de chicaner fur la nature de l'ame, Cuentz en veut encore aux expreffions. Quand on dit que notre ame eft un être *immatériel*, c'eft un terme purement négatif, qui ne nous préfente aucune idée diftincte, dont on ne conçoit pas l'objet. Toutes les langues manquent de termes propres, pour fignifier bien des chofes que nous concevons très-bien. C'eft pourquoi on eft obligé de fe fervir de termes négatifs. Il ne faut pas dire pour cela qu'ils ne préfentent aucune idée diftincte. Quand j'af-

j'affure que Dieu eft *infini* ; je conçois nettement ce que fignifie ce mot, qui n'eft qu'un terme négatif. J'entends par-là que Dieu n'a aucune fin, aucune borne dans fes perfections. De toutes les fubftances qui nous font connuës, je n'en apperçois que de deux efpéces : efprit & matiére : quand je dis donc que l'ame eft immatérielle, j'éloigne d'elle tout ce qui convient effentiellement à la matiére, & je veux fignifier par-là que l'ame étant d'une efpéce différente, elle eft conféquemment un efprit ; idée fi diftincte que je ne la confonds jamais avec celle de la matiére.

19. Il y a des gens qui favent plufieurs langues, qui poffédent l'hiftoire, & qui ont quantité d'autres connoiffances. Cuentz

de-

demande comment on peut concevoir que toutes ces chofes
éxiftent dans un être abfolument inétendu , fans parties,
& qui n'occupe aucun lieu. Ceci, ajoute-t-il, prouve bien la
néceffité de l'extenfion de l'ame.
Au contraire : cette multitude
de mots qui compofent les langues, tant de faits que renferme
l'hiftoire , l'objet des diverfes
fciences , ne peuvent éxifter
que dans un être fpirituel. Si
on vouloit graver toutes ces chofes fur un être étendu , il faudroit que notre ame fut auffi
grande qu'une bibliothéque, en
la fuppofant étenduë ; ce qui eft
abfurde. L'objection ne porte
que fur un préjugé, qui fait imaginer qu'il faut de l'étenduë
pour contenir des idées.

20. Un homme réve pendant
le

le sommeil ; il voit distincte-
ment plusieurs personnes, semblables à celles qu'il a vuës au-
trefois. Ceci est une fonction
de l'ame. Or je demande, dit
Cuentz, où sont reçuës ces images étenduës ? C'est dans l'ame
sans doute : mais si l'ame est sans
extension, comment peut - elle
recevoir & contenir en soi toutes ces images qui sont répré-
sentées ? Un miroir qui seroit
sans extension, pouroit-il me ré-
présenter quelque chose d'étendu ? Nous répondons, après les
preuves qu'on a données, que
l'ame n'est point étenduë , &
qu'il est certain qu'elle a la force
de représenter des corps. Vous
me demandés comment cela se
peut. Il faut avoüer de bonne
foi, que nous ignorons ce *comment:*
il y a mille choses indubitables,
dont nous sommes très-assurés,
sans

fans pouvoir dire comment elles ſe font. Ouvrés le premier livre de phyſique, conſultez l'endroit où l'on traite de la viſion, vous y trouverez pluſieurs éxemples de cette vérité. Je ſai qu'une boule en mouvement, qui en rencontre une autre en repos, lui coõmunique du mouvement; mais on ne ſait comment ce mouvement eſt communiqué. L'homme ne connoît pas tout; il eſt abſurde d'éxiger de lui des connoiſſances, qui ſont au-delà de ſa ſphére. On a montré qu'on ne pouvoit ſoûtenir que Dieu fût étendu, ſans tomber dans le Spinoſiſme; ſyſtême détruit ſans reſource: il eſt bien certain que Dieu connoît les corps, puis qu'il les a faits; il eſt donc aſſuré qu'un être non-étendu connoît les choſes étenduës, ce qui ſuffit pour prou-

Y

ver

ver qu'il n'implique pas, qu'un être fans extenfion puiffe fe ré-préfenter ce qui eft étendu, quoi que nous ne fachions pas comment cela s'éxécute.

21. Si on admet la non-étenduë de l'ame, on eft obligé de convenir encore que c'eft Dieu qui caufe en elle fes idées, fes volóntés, en un mot toutes fes opérations. Voilà l'ame renduë bonne ou mauvaife, par l'opé-ration immédiate du Créateur. Cette conféquence renverfe toute la religion. Il eft facile de réfoudre cette difficulté : en admettant la pure fpiritualité de l'ame, il n'eft pas conféquent qu'elle ne puiffe agir fur le corps. Dieu eft un pur efprit, dont l'action s'étend fur toutes les créatures matérielles ; pourquoi n'auroit-il pû donner à

notre

notre ame la proprieté d'agir im-
médiatement sur son corps? Mais si l'ame peut agir sur le corps, il est aussi possible qu'é-
tant mû lui-même, il agisse ré-
ciproquement sur elle. Ceux qui pensent que Dieu produit toutes les opérations de l'ame, ne le font pas pour cela auteur du mal moral, qui ne consiste que dans un défaut de rectitude, lequel n'est qu'un néant. Les deffenseurs de la prémotion phi-
sique ne sont point embarassés de la difficulté que l'on propose icy.

22. Si l'ame peut recevoir des affections sans le ministére du corps, lors qu'elle en sera sé-
parée ; pourquoi y a-t- elle été jointe, puis qu'elle pouvoit sen-
tir, vouloir, &c. sans lui ? Cette question est absurde ; car elle

 se

fe réduit à demander, pourquoi Dieu a-t-il voulu faire des créatures qui fuſſent des hommes, & non des anges. On ne peut en rendre raiſon qu'en diſant qu'il l'a voulû, & c'eſt tout ce qu'on peut répondre de raiſonnable. On ajoûte : quand notre ame quitte le corps au moment de la mort, elle s'en ſépare. Je demande ; alors occupe-t-elle un lieu ? Mais ce lieu, eſt-il étendu ? Si on répond que non : qu'eſt-ce qu'un lieu non-étendu ? Dira-t-on que ce lieu eſt étendu : mais comment ce qui eſt ſans extenſion, peut - il occuper un lieu étendu ? Toute cette difficulté n'eſt fondée que ſur ce que Cuentz ne veut point reconnoître d'être qui ne ſoit matériel, ce qu'on a montré être faux. On répond donc que l'ame ne remplit aucun lieu,

parce

parce que c'eſt une ſubſtance ſans extenſion, qu'elle éxiſte de la façon qui convient aux eſprits, qu'il ne nous eſt pas donné de connoître évidemment. Nous en ſavons aſſés pour aſſurer qu'un pur eſprit n'occupe point de lieu, à la maniére des corps ; c'eſt là, où il faut ſe borner, quand on ne veut pas raiſonner ſur des choſes qui nous ſont cachées juſqu'à un certain point, & que probablement nous ne ſaurons qu'après cette vie.

23. Croiroit-on, ſi on ne le liſoit, que Cuentz a comparé l'homme à un moulin à vent, fondé ſur ce que l'Ecriture dit que Dieu ſouffla ſur la face d'Adam, qui devint vivant par ce ſouffle divin. Nous avons vû que par ce ſouffle on devoit entendre l'ame que Dieu joignit

Y 3

au

au corps du premier homme. Notre philosophe moderne tout enfoncé dans la matiére, prend ce souffle pour un air agité, qui fit d'Adam un être penfant. Le corps du premier homme étoit organifé, mais il falloit un fouffle pour mettre cette machine en mouvement ; de même qu'un moulin à vent n'a point d'action, à moins que l'air agité ne faffe tourner fes aîles. La différence des efprits, fi on s'en rapporte à cet écrivain, ne vient que du fouffle plus ou moins violent : de forte que le génie fublime de Newton n'a eu pour principe qu'un vent ou un fouffle plus fort, que celui qui agite les efprits péfans. Cuentz avoit des vertiges quand il débitoit férieufement cette abfurdité. Quelle comparaifon ! d'un homme avec un moulin à

vent

vent. J'aurois honte d'en faire sentir le ridicule, s'il ne sautoit aux yeux les moins perçans.

24. C'étoit peu pour Cuentz, de faire l'ame matérielle, il veut encore que Dieu soit matériel. Comment, dit-il, concevoir que celui que les cieux des cieux ne peuvent contenir, n'est qu'un point mathématique inétendu ? Cela n'est pas concevable, il est vrai, parce que Dieu n'est pas un point mathématique : mais concevez que Dieu est un esprit infini en toute perfection, vous vous en formez une idée juste. L'erreur de cet écrivain vient, de ce qu'il s'est imaginé qu'on ne pouvoit concevoir que ce qui est matériel.

25. Il se trompe encore, en avançant que l'Ecriture ne nous

 in-

inſtruit pas de l'eſſénce de Dieu : tout eſt compris dans ces mots : *Je ſuis celui qui èſt* : qui marquent clairement que Dieu eſt la plénitude de l'être, qu'il eſt l'être par eſſence, & qu'il poſſéde toutes les perfections. Cuentz fait valoir la diverſité des ſentimens des anciens philoſophes ſur la nature de Dieu, que pluſieurs ont crû corporel. Mais que conclure de leurs différentes opinions, ſinon que c'étoient des aveugles qui ne bâtiſſoient leurs ſyſtêmes que ſur des préjugés.

26. La Théologie enſeigne que les Saints verront Dieu ; mais comment peut-on voir une ſubſtance incorporelle ? Cette expreſſion peut marquer que nous connoîtrons Dieu dans le ciel d'une façon bien plus parfaite

faite que pendant cette vie. Après la réfurrection, il eft à croire que les bienheureux verront la gloire du Tout-puiffant, qui fera un objet tel qu'il lui plaira. Enfin il eft hors de doute, que les Saints verront J. C. qui eft Dieu. Mais, dit-on encore, il eft abfurde de dire que Dieu eft tout entier dans chaque partie de l'efpace, & qu'il n'eft dans aucun efpace. Quand on prétend que Dieu eft tout entier par tout, cela fignifie qu'il eft indivifible, & que néanmoins il eft préfent en tout lieu, de la maniére qui convient à un efprit infini. On affure qu'il n'eft renfermé dans aucun efpace, parce qu'il ne peut être borné par aucun lieu. Cuentz veut tirer de l'immenfité de Dieu une preuve de fon étenduë. Il convient, forcé par l'é-

vidence, qu'il eſt un être ſimple. Comment n'a-t-il pas vû
qu'il eſt contradictoire qu'un
être ſoit ſimple & étendu, c'eſt-
à-dire, qu'il auroit des parties,
ſans en avoir réellement ?

27. Cuentz, malgré ſes préjugés, s'eſt apperçu que l'étenduë qu'il donnoit à Dieu, entraînoit une fâcheuſe conſéquence ; il tâche d'y mettre un
correctif. Quand on dit que
Dieu eſt étendu, ce ſont ſes paroles, il ne faut pas croire qu'il
eſt ſubſtantiellement immenſe,
ce ſeroit le Dieu de Spinoſa.
Il faut croire au contraire, qu'il
n'eſt préſent par tout que par
ſon activité. Non ſûrement,
ce n'eſt pas là ce qu'il faut croire ; car c'eſt une grande erreur.
Dieu remplit tout par ſon immenſité ; c'eſt ce que l'Ecriture
nous

nous enseigne , & ce qui est conforme à la raison. Ce qui est surprenant , c'est de voir Cuentz , dans ce même endroit qu'on vient de copier, rapporter ces paroles de St. Paul : *nous vivons en lui ;* qui ne voit que cela n'est vrai qu'autant que Dieu est substantiellement par tout ? Au reste ne soyons pas étonnés de l'aveuglement d'un homme qui tord l'Ecriture, selon ses préjugés & qui ne voit pas ce qu'elle enseigne si clairement.

28. Il n'est pas possible à Cuentz de renoncer à son idée de faire Dieu étendu. Les inconvéniens qui naissent de cette opinion , le frappent ; il sent qu'il est difficile de l'accorder avec la simplicité & l'unité de la nature divine , voilà ce qui l'oblige à se retourner de tous

les

les côtés, pour adoucir ce qu'elle a de dur & de révoltant. Il employe pour cela ces raisons. L'étenduë divine n'a pas plus de reſſemblance avec l'étenduë matérielle qui nous eſt connuë, que la bonté infinie de Dieu, n'en a avec la bonté qui eſt propre aux hommes. On ſe ſert des mêmes termes, quoique les objets n'ayent rien de commun. Il ajoûte encore : Ceux qui croyent la ſpiritualité pure, penſent-ils que la nature de l'eſprit humain ſoit la même que celle de l'eſprit divin ? Qu'y a-t-il de commun entre un eſprit infini, éternel, inaltérable, &c. & un eſprit fini, créé dans le tems, altérable &c ? Ce ſont deux natures abſolument différentes. Diſons-en autant de l'étenduë divine, & de celle que nous connoiſſons.

29. Il

29. Il est clair de ceci, que l'on ne connoît pas ce que c'est que l'étenduë divine ; que peut-on dire de raisonnable en parlant d'une chose dont on n'a point d'idée ? Cuentz reconnoît l'Ecriture, qui nous apprend que l'homme est fait à la ressemblance de Dieu, ce qui ne peut s'entendre que de l'esprit, & conséquemment Dieu n'est point étendu. On a prouvé que l'extention ne peut convenir à notre ame : étant faite à l'image de Dieu, on ne peut lui attribüer de l'étenduë. D'ailleurs en concevant un être étendu, il est facile d'en concevoir un plus étendu ; or le plus & le moins ne peuvent compatir avec la nature divine ; il est donc absurde de vouloir lui donner de l'étenduë. La comparaison qu'on fait de la bonté divine & de celle qui con-

convient à l'humanité, eſt diſparate ; car il ne répugne point que l'homme ait une ſorte de bonté analogue avec la bonté divine ; mais il ne ſe peut que Dieu, ni notre ame aient de l'extention. Quand on demande ce qu'il y a de commun entre un eſprit infini & un eſprit fini ; on répond bien en diſant que la ſpiritualité, la ſimplicité, ſont deux proprietés communes à Dieu & à notre ame, en ajoûtant que la différence eſt du côté de l'infini & du fini, ſans que cela faſſe obſtacle à ce que ces êtres ont de ſemblable, proportion gardée. Si la matiére étoit infinie, comme quelques philoſophes l'ont prétendu, il ſeroit vrai néanmoins de dire que cette matiére infinie auroit de commun avec un grain de ſable, l'étenduë qui conviendroit à ces deux êtres. 30.

30. Le matérialifme, comme on l'a déjà dit, n'a pour but que la mortalité de l'ame, fon annéantiffement. Cuentz des-aprouve les preuves qu'on tire de la raifon pour fon immortalité, quoiqu'il y en ait de fort folides. Il vaudroit mieux, felon lui, avoir recours à la révélation. On convient volontiers que ce moyen eft excellent : mais comme les fectaires tournent l'Ecriture comme il leur plait, c'eft ne vouloir jamais rien terminer, amoins qu'on ne s'en rapporte à la tradition pour interpréter la parole de Dieu. Outre cela combien de gens aujourd'hui n'ont pas pour elle le refpect qu'elle mérite; c'eft ce qui fait qu'on eft obligé d'avoir recours aux preuves que la raifon nous fournit. Cette méthode n'eft point à blâmer. Cet

auteur

auteur, par une inconféquence, dit que Platon a introduit le premier l'opinion de l'immortalité de l'ame, & qu'avec le tems ce fentiment peut être détruit, comme ceux de tant d'autres philofophes dont on connoît à peine le nom. Tout homme qui réfléchira fur la nature de fon ame, appercevra toujours qu'elle eft immortelle. Quand Platon n'auroit jamais éxifté, cette vérité ne feroit pas moins connuë; & on ne doit pas craindre qu'elle doive s'éteindre, tout le tems qu'on faura que Dieu eft jufte.

Réponfe

Réponse aux Objections de Lucréce.

1. UN homme de beaucoup d'efprit, (*) & profond Métaphyſicien, après avoir lû mon M. S. & y avoir fait des remarques très-judicieuſes, dont j'ai profité; me dit, qu'il croïoit que je ferois bien de réfuter les objections de Lucréce le Philoſophe, contre l'immatérialité de l'ame. Je me rendis à ſon avis, ſachant que les matérialiſtes regardent ce fameux diſciple d'Epicure, comme le plus ſolide deffenſeur de leurs opinions. Réſolu de l'éxaminer avec ſoin, je prends ſon livre en main, je le lis avec une grande attention, perſuadé que j'y trouverois des raiſonnemens forts, & qui me

Z

coû-

____

(*) Mr. DUPONT, Avocat au Conſeil S. d'Alſ.

coûteroient à détruire. Je n'ai pas été peu furpris, quand je n'ai rencontré que des raifons très-foibles, & qui ne valoient pas trop la peine d'être rapportées. Je me contentrai donc de faire mention de ce qui m'a paru mériter quelque attention, en y joignant une courte réponfe, pour montrer le peu de folidité des objections de Lucréce.

2. J'en retranche d'abord la plus grande partie ; parce qu'elles n'ont de force qu'en fuppofant comme certaine la matérialité de l'ame. Je penfe avoir détruit ce dogme philofophique ; & par cela-même, il feroit inutile de répéter ce qu'on a dit plus haut. Pour anéantir ce que ce Poëte propofe ; il fuffit de lui nier que l'ame foit matérielle, & alors tous fes raifonnemens portent à faux & ne prou-

prouvent rien.   Afin qu'on ne pense pas que j'affoiblis les pensées de cet auteur, je me servirai d'une traduction faite en 1708. imprimée à Paris chés Jean Luc Nyon. " N'est - il ,, pas juste, dit ici Lucréce, de ,, conclure que comme la fumée ,, s'évanoüit dans l'air, ainsi l'a- ,, me par sa retraite n'est point ,, éxemte des loix de la disso- ,, lution. *,, Ce raisonnement, comme on voit, suppose que l'ame est une matiére très-déliée, ainsi que la fumée : mais si cela est faux, comme on l'a montré, c'est ne rien prouver.

3. † Ce Philosophe, de l'étroite union entre l'ame & le corps, en conclud la matérialité de l'ame ; mais rien n'est moins con-

Z 2 fé-

---

* Pag. 279. Tom. I.
† Seq.

féquent.   Des fuites de l'ivreffe par le dérangement des mouvemens du corps, & des accidens que caufe l'épilepfie, il prétend en tirer une preuve que l'ame eft matérielle.   Tout ce que ceci montre, c'eft que les efprits du vin qui font entrés dans le fang, & que l'acreté d'un levain impur, qui attaque les nerfs & les mufcles de l'épileptique, peuvent caufer un grand dérangement dans le corps humain.   * " Pourquoi, ajoûte-t-il',
„ voulez-vous imaginer, que
„ l'ame étant affranchie des
„ liens du corps, elle puiffe
„ fubfifter dans l'air parmi la
„ véhémence des vents ?„ Cette difficulté n'attaque que ceux qui croyent l'ame matérielle, & n'a aucune force contre ceux qui fuivent le fyftême commun.
„ Neff-

---

* Pag. 285.

„ N'eft-ce pas un indice certain
„ de la mortalité de l'efprit, que
„ la relation qui fe rencontre
„ dans les maladies du corps,
„ auffi bien que le fuccès égal
„ dans leurs remédes. „ * Cela
ne prouve uniquement que l'u-
nion intime de l'ame & du corps,
& nullement la mortalité de
cette premiére fubftance.

4. Lucréce prétend que le
dépériffement du corps, entraî-
ne celui de l'ame, & que fon ex-
tinction totale doit auffi caufer
celle de l'ame. † Cette affertion
eft contredite par l'expérience.
Prenons un éxemple : Mr. de
VOLTAIRE qui n'a qu'un fouffle
de vie, dans un corps prefque
déféché, devroit donc avoir un
efprit auffi exténüé. Qui ne
Z 3 fait

----

* Pag. 285.
† Pag. 287.

fait au contraire, qu'il a toutes les facultés de son ame aussi fortes & aussi vives, que l'homme du monde le plus vigoureux. J'ai vû cet homme rare souffrir violemment, & pour ainsi dire, prêt à expirer, malgré cela penser & s'exprimer comme un génie sublime. Il n'est donc pas vrai, que la diminution des facultés du corps entraine celles de l'esprit.

5. Le corps, dit le philosophe poëte, n'auroit aucune action sans l'influence de l'ame; il faut donc croire que l'ame seroit aussi sans action si elle n'étoit secondée par le corps. * Mauvaise conséquence. Le corps n'a aucune activité par lui-même, il faut un esprit pour le mouvoir : il n'en est pas ainsi de

---

* Pag. 291.

de l'ame qui eſt active de ſa nature. Elle peut agir, ſoit qu'elle
ſe trouve unie à un corps, ſoit
qu'elle en ſoit ſéparée. Tous
ces faux raiſonnemens de Lucréce, ſuppoſent toujours la matérialité de l'ame, comme il le
dit en cet endroit-même. Ce
qu'il ajoûte n'eſt pas meilleur.
„ L'ame n'eſt pas plûtôt déga-
„ gée du corps, qu'il ſe cor-
„ rompt; pourquoi donc ne pas
„ croire qu'elle ſe diſperſe com-
„ me la fumée? „ * La raiſon
eſt, qu'elle n'eſt pas matérielle,
comme eſt la fumée; & qu'il
n'eſt pas conſéquent que la cor-
ruption du corps entraine celle
de l'ame, qui eſt d'une nature
toute différente.

6. „ Si l'immatérialité étoit
„ le partage de notre ame, bien
Z 4 „ loin

<hr>

† Pag. 293.

„ loin qu'elle foûpîrât de dou-
„ leurs dans le tems de fa dif-
„ folution, au contraire fon dé-
„ part devroit être l'objet de fa
„ joie, de quitter, ainfi que le
„ ferpent, une dépoüille cor-
„ ruptible. „* Sentir avec plaifir l'approche de la mort, la defirer ardemment, n'eft donné
qu'aux vrais chrétiens. C'eft
ainfi que l'Apôtre difoit avec
transport : je defire d'être déli-
vré de mon corps, pour vivre
avec J. C. C'eft ainfi que quantité de Saints Martyrs alloient
avec joie au fupplice. Le re-
gret vif & cuifant de quitter la
vie, eft le partage d'un matérialifte, qui meurt fans efpoir.
Cet homme fans efpérance doit
envifager la mort avec des peines infinies, il ne lui refte que
la

---

* Pag. 297.

la trifte reffource de fe plonger brutalement dans les horreurs de l'avenir, qu'il eft difficile d'étouffer entiérement. Lucréce qui penfoit en athée, ne pouvoit concevoir qu'il fut poffible de defirer la mort ; ce fentiment n'appartient qu'au Chriftianifme, par les recompenfes infinies qu'il promet à fes fidéles obfervateurs.

7. " Si la nature de l'ame eft
„ immortelle, & qu'ayant brifé
„ les liens du corps, elle puiffe
„ joüir du fentiment , il faut
„ fans doute qu'elle foit capa-
„ ble de pratiquer toutes les
„ fonctions des fens. „ * Il eft aifé de voir que cette conféquence eft fauffe : il fuffit que l'ame après fa féparation du corps, foit capable d'éxercer les

Z 5

fon-

---

* Pag. 299.

fonctions fpirituelles, qui lui font propres ; fans qu'il foit nécef-faire qu'elle ait des fenfations pareilles à celles qu'elle reffen-toit, étant unie à un corps. Lucréce ajoûte que fi on coupoit un homme par le milieu, qu'il n'y a pas de doute que l'ame ne fut divifée.* Cela ne paroît nullement vrai ; car un cul-de-jatte à qui on a coupé les deux cuiffes, ne fent aucune diminu-tion de fon ame. Scarron don-ne-t-il lieu de croire qu'il n'a-voit que la moitié autant d'ef-prit qu'un autre homme, qui auroit tous fes membres ? Ceci fe confirme par la révélation, qui nous apprend que les hom-mes peuvent bien faire mourir le corps, mais qu'ils n'ont au-cun pouvoir fur l'ame.

S.

---

* Pag. 301.

8. * " Il eſt ridicule, dit Lu-
„ créce, de vouloir que les ames
„ ſoient en faction pour animer
„ les plaiſirs de Vénus, & ſe
„ trouver à l'inſtant de la naiſ-
„ ſance. „ Ceci ſuppoſe la pré-
éxiſtence des ames, opinion
qui n'eſt nullement certaine. †
Quelle difficulté peut on faire
contre le ſentiment de ceux qui
croient que Dieu, lors qu'il forme un corps humain, lui joint
une ame dans le moment qu'il a
réglé, ſelon les loix de ſa ſageſſe
infinie, laquelle lui reſtera unie,
juſqu'à ce qu'il plaiſe au Tout-
puiſſant d'ordonner la ſéparation
de ces deux êtres ? Cette idée
qu'on ſuit le plus-coṁunément,
écarte toutes les difficultés qu'on
peut former; & il eſt bien-cer-
tain qu'on ne peut rien dire qui
en

---

* Pag. 319.
† Voyez le Vme Concile de Latran.

364

en montre la fauſſeté. Au contraire tout nous porte à croire que c'eſt le ſentiment le plus vraiſemblable : ce qui ſuffit pour fixer un homme ſenſé.

9.* " C'eſt une viſion ridicule
,, de vouloir aſſocier l'avantage
,, de l'immortalité avec la foi-
,, bleſſe d'une nature corrupti-
,, ble , & de profaner un étre
,, éternel juſqu'à lui faire avoir
,, un commerce d'intelligence
,, avec le corps, & le faire agir
,, mutuellement avec lui. Eſt-il
,, rien de plus contraire que l'u-
,, nion d'une ſubſtance périſſable
,, avec une eſſence imortelle ?
Il ne doit pas paroître ſingulier que Lucréce livré aux ténébres du paganiſme, n'ait pû concevoir l'union du corps & de l'âme ſpirituelle. Si la révélation

ne

---

ne nous avoit appris que les ames font immortelles, les fimples lumiéres naturelles ne nous auroient conduits que difficilement à cette vérité. Après avoir été éclairé, on a cherché des raifons qui y fuffent conformes : & on en a trouvé de convaincantes. Nous fommes dans une pofition bien plus avantageufe que les anciens philofophes : ce qui leur paroiffoit obfcur & douteux, ne l'eft plus pour nous. Il eft donc ridicule aujourd'hui de prétendre faire valoir les objections de Lucréce, auffi futiles que furannées. Affuré que je fuis de l'immortalité de l'ame, ne pouvant douter que le corps ne foit mortel, convaincu intimement de l'union de ces deux êtres, je n'ai plus rien qui puiffe m'arrêter. Je fai d'ailleurs que Dieu peut

faire

faire des chofes que je ne puis concevoir. Je me fixe là, parce que cela doit fuffir à tout efprit, qui fait ufer fobrement de fa raifon.

10. Nos matérialiftes modernes ne font pas d'auffi bonne-foi que Lucréce ; ce Poëte nous manifefte nettement fon but, en deffendant la matérialité de l'ame : il vouloit prouver par-là qu'elle eft mortelle, & fujette à la deftruction. En éffét c'eft une jufte conféquence du matérialifme. Ceux qui foûtiennent aujourd'hui ce fentiment, n'ont point d'autre vuë, quoiqu'ils n'ofent fe développer auffi clairement. Lucréce eft leur oracle, ils gravent dans leur mémoire les endroits où cet auteur parle le plus énergiquement de la mortalité de l'ame. Qui d'eux ne

ne fait pas cet endroit ? *Nil igitur
mors eſt, ad nos neque pertinet hi-
lum : quandoquidem natura animi
mortalis habetur.* La mort n'eſt
rien à notre égard, & toutes ſes
attaques nous ſont indifférentes,
puisque la nature de l'ame eſt
un être 'mortel. Et encore :
*Scire licet nobis nihil eſſe in morte
timendum ; nec miſerum fieri, qui
non eſt, poſſe.* Il faut être convaincu que la mort n'a rien de
redoutable, & qu'il eſt impoſſible que l'homme, dont l'aſſemblage eſt desuni, puiſſe être
malheureux. Tout le troiſiéme
Livre de Lucréce eſt rempli de
cette doctrine.

Je n'en cite pas davantage,
pour abréger.

11. Le ſyſtême d'Epicure,
dont Lucréce n'eſt que l'inter-
préte

prétei & que les matérialistes ont embrassé, tend à montrer que l'ame est mortelle comme le corps ; la dissolution de ces deux êtres, les fait périr en même tems. Telle est la destinée de l'homme. Il n'a pour guide qu'un aveugle destin, sans loix & sans devoirs. Le plaisir est son bien suprême & sa dernière fin. Il doit joüir du présent, braver la mort, & l'attendre avec une indifférence stupide. Toutes les loix ne sont que des établissemens arbitraires, fondées sur le caprice des Législateurs. Point de divinité que le hazard, ou un destin aveugle. Rien n'éxiste que la matiére & le vuide : la vertu n'est qu'un nom ; la volupté est l'unique bien auquel on doit tendre sans cesse. Que doit-on se promettre de gens persuadés

de

de ces principes ? Quelle société ! Trahir son ami, le voler,
l'égorger, si on le peut impunément, c'est à quoi on se livrera
sans remords. Un dépôt n'aura
plus rien de sacré ; tout est permis à celui qui ne craint point
l'avenir ; pourvû qu'il sache se
souftraire aux châtimens des
hommes. Avec quel front de
pareilles gens osent-ils se donner le nom de sages ? Les plus
insignes scélérats le pourroient
prétendre avec autant de justice.
Je ne feins point de dire que
ce sont des ennemis de l'humanité , qui méritent d'être pro-
scrits de la société. Qui ne reconnoît point la Divinité , est
sans aucune vertu.

12. Ces prétendus esprits-forts
n'ont aucun systême fixe. La
plûpart des matérialistes , sans

A a   être

être philosophes, ne se livrent à leurs opinions absurdes, que parce qu'elles favorisent leurs passions. Jamais ils n'ont pris la peine de discuter le sentiment qu'ils embrassent. Voulez-vous savoir ce qu'ils substituent à la religion, ils ne vous répondront que par des discours vagues. Ils ont oüi dire que quelques anciens philosophes avoient soûtenu la matérialité & la mortalité de l'ame, c'en est assés pour eux ; ils se reposent sur de pareilles autorités, & se croyent bien fondés à mépriser la révélation, & tout ce qui est de plus respectable. Qu'ils comparent la religion, ses preuves lumineuses, ses illustres deffenseurs, avec leur systême ; ils appercevront que la plus grande autorité, les motifs les plus puissants sont pour nous. Mais le Chri-

Christianisme ne flatte pas les passions, il les proscrit ; il faudroit de l'étude pour la comparaison : il est plus court & plus conforme à notre nature corrompuë, d'embrasser une opinion qui permet tout aux sens, & qui nous délivre du peinible travail de resister sans cesse à nos penchans vicieux.

13. Lucréce, l'oracle des matérialistes, ne peut être dangereux que pour des cœurs gâtés, ou pour des esprits superficiels, qui ne savent pas apprécier la valeur des raisonnements. Si on en croit ce poëte, il n'écrit que pour chasser du monde la superstition, & que pour délivrer les hommes de la crainte de l'avenir, après cette vie. Mais sur quel fondement sont appuiées ces promesses ? sur l'au-

torité

torité d'Epicure, combattuë par les plus grand génies du paga-nifme-même. Selon ce Philo-phe nous fommes confondus avec la plus vile matiére ; il faut que nous démentions le fentiment intime de notre fpi-ritualité, de notre liberté; la penfée fera étenduë, figurée, di-vifible : & ce qui n'eft pas moins abfurde, les corps feront indi-vifibles, car telle eft, dans fon fyftême, la nature des atômes. Ces parcelles de matiére, qu'il fuppofe éternelles, fans aucune preuve, fe meuvent dans un vuide immenfe, où, felon tou-tes les loix du mouvement qui nous font connuës, elles de-vroient toujours fuivre la ligne droite, n'ayant aucun obftacle pour les détourner ; malgré le fens commun, on affure que les atômes fe détournent & s'ac-crochent,

crochent, pour former les grands corps, & ce qui eſt révoltant, pour être le principe des déter- minations de la volonté & des opérations de l'ame.

14. Qu'eſt-ce que les Dieux d'Epicure? Des êtres plus mé- priſables que nos Rois fainéans; rien qui nous trace l'idée de la Divinité. Ils ne prennent au- cune part au gouvernement du monde, contents de languir dans une honteuſe oiſiveté. Le ha- zard, qui ne ſignifie rien, a tous les traits d'une profonde ſageſſe. La vertu & le vice font une même choſe, aucune diffé- rence entre-elles, malgré les idées claires qui nous montrent leur diſtinction. Ceci, ſelon Epicure, n'eſt qu'une illuſion. Il n'eſt queſtion que de recher- cher le plaiſir, & de l'obtenir

par tous les moyens poſſibles. Des principes auſſi contradictoires à nos connoiſſances les plus certaines & les plus évidentes, peuvent-ils être vrais? Lucréce peut-il en impoſer long-tems quand on voudra conſulter la raiſon ? La matiére peut être extrémement ſubtiliſée , elle peut donc penſer, quelle conſéquence ! L'ame reſſent les infirmités du corps, elle eſt donc mortelle comme lui. Mais ſi le corps lui ſert d'inſtrument, ne doit-elle pas reſſentir les imperfections de l'inſtrument, quoiqu'elle ſoit ſpirituelle ? Regardés au travers d'un verre jeaune, tout vous paroîtra de la même couleur. Les Dieux troubleroient-ils leur bonheur , s'ils prennoient ſoin du monde ? Il faut être diſpoſé à digérer les abſurdités les plus monſtrueu-

ſes,

fes , quand on ne fe révolte pas contre un fyftême auffi étrange ! Ce n'eft fûrement pas la raifon qui nous conduira à l'embraffer.

15. Quels maîtres qu'Epicure & Lucréce fon difciple ! après s'être égarés auffi étrangement dans la phyfique, peut-on penfer qu'ils foient meilleurs métaphyficiens ? Il n'y a perfonne aujourd'hui qui ofât foûtenir le fyftême d'Epicure, touchant ce qu'il enfeigne des atômes. Qui peut fe diffimuler qu'il eft abfurde de dire qu'une infinité de corpufcules, qui nagent dans un vuide immenfe, ont en foi la force de fe détourner pour fe rejoindre, & former par cette jonction toutes les efpéces de corps. Eft-il plus vraifemblable que les hommes foient nés d'un limon

limon échauffé? Croira-t-on que le soleil, les astres, la régularité de leurs mouvemens, ne soient que l'éffét du hazard, qui a joint plusieurs atômes ensemble? Voilà l'admirable philosophie d'Epicure, qu'on nous vante comme un génie sublime; quoiqu'il soit vrai qu'un cerveau én délire ne pouroit rien enfanter de plus insensé. Si on veut consulter la raison, on se gardera bien d'adopter les opinions ridicules d'un pareil maître. Ce qu'il enseigne touchant l'ame humaine, n'est sûrement pas mieux imaginé, & ne doit pas moins mériter le mépris de tous ceux qui savent penser. Périsse à jamais cette affreuse philoso-phie, qui ne tend qu'à nous plonger dans la plus dangereuse des erreurs!

F I N.